浙江潮第七期

浙江潮第七期目錄

癸卯七月二十日

目錄

購閱畧則

一定閱本誌在東京者可函向本發行所掛號每期當按址寄送在內地者可就近向上列各代派所購取或逕寄函本社亦可但必須將報費郵資先行付下自然按寄無誤

一向本社定購者由本社發給收條向代派所定購者由代派所發給收條遇有已付報資而報未能按期送到者可憑收條向原定處函索

售報價目表

全年十二冊	半年六冊	每冊
三元二角	一元七角	三角

本誌原有旁註頗不明晰自本期起删訂如左（一）用日幣者照表八折（二）向中杭總發行所批售逾十分者照表八折（二）每冊加郵費二分全年二角

廣告價目表

洋裝一頁	洋裝半頁	一行（四號十七字五號二十二字起碼）
五元	三元	二角

惠登告白者須於本編定期發刊之前交到價須先付登長年半年者當格外從廉

哈！哈！哈！

浙江潮

第一期三版　第二期三版　第三期

再版

都出來了

算學公式及原理 六角

南清河陳福頤譯

近來所出算書。非繁徵博引。不可卒讀。即簡單不全。一覽意盡。學者苦之。是書爲日人白井義督氏所著。以二百有八頁。而都九類。曰算術。曰代數。曰平面幾何。曰立體幾何。曰平面三角。曰球面三角。曰解析幾何。曰微分。曰積分。凡一公式之下。附以原理圖解。詳明理論。精析一展卷而知其所以然。誠算學中之顯光鏡指南針也。亟譯之以餉學界。凡教師生徒不可不各手一編

同鄉會贊助員續捐題名

郭外峯先生　月捐日金五圓（閏月起）

高子穀先生　捐日金壹伯圓

汪儋盦先生　捐墨銀貳拾圓

本會成立未久疊蒙　海內外同鄉諸君樂助多金源々不絕無任感激合亟誌此鳴謝

浙江同鄉會幹事謹啓

景風橋秦山陶湖東興紹

海鹽演說會攝影

杭州求是書院學生體操課畢之圖（庚子十月）

仁和東城蒙塾攝影

王君雋基自東京歸既受同邑諸君子之慇懃乃於五月二十一日開演說會於徐氏義莊實爲海鹽第一次之演說也聽衆四十餘人學生爲多首由徐君文蔚報告開會詞繼由王君報告海外之情事末復要以「地方自治」與「出洋游學」兩事是時朱君叔壬自杭州勵志學社來徐君魁伯自嘉興來（時郡守方解散嘉興之演說會）皆有演說繼復由王君致學生之祝詞并願其永永持續演說會末由教習吾君融士致答辭事畢乃集衆撮影其左坐者三人爲教習其右立者十人爲王君等其後席地坐者皆學生也是日議決創立女學校一書報社二現尚在計畫中嗚呼吾鹽邑地方自治之基礎最爲完備凡官欵儲蓄民間公積皆由紳董管理縣官不能問其出入僅據紳董之報告而轉詳大吏焉地方有所興作民間有所經營亦皆由紳董經紀縣官不能問其得失僅據紳董之報告而轉詳大吏焉然地方紳董非茸闒無能爲即魚肉鄉里而肥已懦者惜名富者借財語以賽會演劇則慨解慳囊語以興立學校則去之若將浼焉蓋僅此熱心者十數人相與奔走號呼而無知之徒或詆笑而排擠之吁此殆非海鹽一邑爲然民智未瀹吾中國內地大率如此矣悲夫

是爲求是書院庚子冬之舊影同學七十五人翌春某某三君即負笈赴東厥後餱糧一束結隊而來者有之行李半肩隻身東渡者有之迄于今聯袂話舊于江戶之間與夫先此而至者凡五十有七人可謂盛矣回憶春秋佳日登吳山遊西湖皆逝水也浮漚也書此以誌今昔之感

塾創設於今年正月賃平屋數楹屋後隙地數弓規摸誠隘然數月以來願來入塾者不絕初以三十人爲額室小不能容復於近旁分設支塾塾中一切經費不領官欵亦無地方補助金僅藉所收學費爲開支按照尋常小學科目分班教授皆歡忻鼓舞不能自已嗚呼東城居民數千家里中計已及學齡兒童不下五百人開門授徒者凡數十處其教課皆十年前舊物也下焉者或至與牧猪奴爲伍而鄉先生若熟視無覩是誠何心哉區區一蒙塾恐不足挽頹波而開風氣也是所望於扶植之擴充之者

通信

敬上鄉先生請令子弟出洋遊學並籌集公款派遣學生書

某頓首遠適異國昔人所悲良以人情風土所在殊異骨肉至戚邈焉離絕況復祖國阽危乃某等者直蒙恥忍垢以寄人宇下外界刺戟動易棖觸彌襟紆鬱誰從解免鄉關夢斷能不傷哉然某等所以襆被東來甯茹蘗嚙荼弗敢有斯須懊惱萌歸志者何所求求學耳孟子曰『爲巨室則必使工師求大木』今某等羇處海外日夕孟晉鍥而勿舍蓋將搜羅海外之珍木奇材以供巨室中爲棟爲柱爲櫨爲杙之用且不惟木工而已若金工若土工若石工有一不具具焉而有一不精巨室即不能落成而有輪奐奐奐之美觀蓋建設若是其難也今中國老舊朽腐至於斯極將

通信

欲新之斷非一手一足所能爲力其不能不有多數之青年子弟出洋留學明矣入此歲來東亞之風雲日益告急而吾國之幼年少年壯年相率東游者亦日益夥壬癸之與辛丑斛其人數迺至如一與四之比例進步可謂至速就各省並論江蘇最多即松江一府已多至數十人毋亦揚子江沿岸交通便利文明易於輸入風氣大闢之效歟往者福建有官派陸軍學生數人後無賡續者江西安徽本省自來無官費故閩贛皖三省負笈至者不能盛然合計亦近百人有志之士不可謂不衆也四川區域之廣冠各省富饒亦不在江浙下而人數尚不足逮閩非以山川阻深爲之閡耶雲南於中國本部爲最僻陋去歲之冬始有官費生十人自費生某實與之偕而長途嬰疾遂爾委化殊可慘痛茲續有李君伯庚由浙江大學堂退校自備資斧出洋雲南之有自費生自李始也陝西一人山西一人廣西二人貴州七人此數省者風氣號稱閉塞重以交通阻隔游學之稀亦因其所顧有數君子者以爲前導聞風來者當未有艾河南官費生七人悉數學陸軍然皆爲北洋官派自費生祇張君楷一人河南之有張猶雲南之有李此鳳毛麟角可爲寶貴者矣廣東開港最先且富

甲禹域。充其力。勿論官費自費。可以挾重貲出洋者。其數必百倍於豫皖。十倍於江浙。迺據會館去秋之調查祗六十人。據今春之調查祗六十餘人。廣東內地之文化亦可謂天閼矣。此必在地之頑固紳衿以攻康梁之故并攻新學。一吠百和。釀盪成風。以致東望扶桑。羣焉褎足耳。山東無自費出洋者。陸軍學生十人。乃北洋官費生也。派送速成師範之說。已於去秋傳播海外。遲至今夏始決議。官場之顢頇類如此然聞人數至六十餘人之多。倘所謂不鳴則已一鳴驚人者歟。直隸官費十之四。自費十之六。三十餘人中。習陸軍者又居十之四。朔方健兒好身手。此其選矣。至進步之最猛烈。風發雲湧。電激飈馳。現精神於留學界者。其湘鄂乎。各省官派學生。自來以湖北爲多。湖南於戊戌之夏。陳寶箴爲巡撫。招考出洋學生百人。尋以八月政變。不果行。湖南之有官派。自去年春速成師範始也。維時巡撫俞廉三有頑固名。而何獨於派學則否。聞管學大臣張百熙實電促之。而地方紳士之開通者。又能左右其間。以故去歲之冬。又增派四年半師範生三十人。自費生之極貧不能支者。亦悉化爲官費。已而湖北派西洋留學生三十。東洋留學生五十。是五十人者。皆楚產兩湖

通信

經心二書院之高材生也。故今日湘鄂兩省之官費學生連鑣並轡。稱盛于一時。向使各省盡如湘鄂。留學界當不知若何蕃盛。東京多一留學生。即將來建造新中國多一工技師。豈不美歟。至若吾浙江者。歲丁酉已有官派學生。稽君（偉）汪君（有齡）二人到東學蠶業。（汪君以病早回國稽君於辛丑年夏卒業回國）是爲中國官派學生至日本之濫觴。翌年戊戌四月。遂有求是書院學生錢（承誌）陳（榥）何（燏時）陸（世芬）四君。偕武備學堂學生蕭（星垣）徐方謙段蘭芳三君東渡。（蕭徐段三君湘鄂人於壬寅三月卒業今充浙省營官）時撫浙使者爲嘉定廖公（壽豐）杭州知府爲侯官林公啓。林最熱心愛國。勇於辦事。而廖又能俯納善言。故能毅然爲各省倡。然廖之爲人。拘謹自持。不能有恢張閎遠之致。故雖以浙中之財富。而官派祗有此數。及廖以告病去。林又疾終于任。即欲求再派一二人而不得矣。緜歷而至壬寅八月。浙江大學堂及杭州府中學堂。乃始派學生十五人。入弘文學院普通科。豫備入高等師範學校。今歲五月。又續有六人入速成師範科。綜而計之。自丁酉以逮癸卯七稔之間。吾浙本省之有官費生二十餘人而已。自餘或爲南洋官費。或爲使館官費。或爲四川官費。要亦不越二十人。今以人數比較。浙江猶能於留學界占第二三等位置者獨賴有自費生耳夫浙江之財富不亞于湘鄂籌餘京餉認攤賠欵數亦不亞於湘鄂而獨於造人材籌學費大吏輒咨嗟嘆息曰『沒有錢沒有錢』承大吏之風旨者亦輒滿口答應曰『是!!是!!籌款子却是狠難的事』嗚呼以吾輩之眼光觀之其不急之務可省之款擲黃金於虛牝者殆不可算奈浙江無福至今日者徒令人廻憶廖林唏噓憑弔而不能自已庸有濟耶雖然官之有廖林特別也非通常也通常之官携妻挈子以來我茲土毋亦以我浙地皮之肥且厚其目的固自有在彼方併心壹慮以靳自達其目的而烏有餘力以爲吾浙謀故浙江之肥瘠惟浙江人自受之浙江之痛癢惟浙江人自知之浙江之悲風苦雨牖戶飄搖惟浙江人自綢繆之自補葺之此某等所爲椎心泣血殷勤屬望於我　鄉先生諸父伯叔也夫一省之中若政法若教育若軍事若實業其於地方上之關係密切直如布帛菽粟不可以一日離經甲午庚子二創則雖極頑蠢極龍鍾亦應知悠悠萬事無一事可以守舊而不得不就外洋練習以廣義言之東京多一留學生即將來建造新中國多一工技師以狹義言之東京多一浙江留學生即將來建造新浙江

通信

多一工技師故我　鄉先生諸父伯叔。而不欲與浙一任浙江之腐敗潰爛折入於他人之版圖而甘爲其奴隸爲其犬馬也則已若其否也則必謀所以救浙者救之之策則造就人材是也造之之策則出洋留學是也出洋留學之說丁戊之間頗足以聳人聽今則數見不鮮等於老生常談我　諸父伯叔將厭聞之嗚呼此我諸父伯叔未嘗於中外强弱之原理列國競爭之趨勢與夫吾浙江之何以危亡何以圖存一一深長思之也夫日本一東洋小島國耳面積之大祇中國三十分之一而教育界何以如此普及（男女自八歲始盡入學校讀書故全國壯年男女無不識字者乃至車夫使女亦能閱覽書報）海陸軍界何以如此强盛工商業界何以如此發達（今年大阪開第五回勸業博覽會曾游會場者當知之）至醫學一科日人自謂已能邁英軼美凌義駕法惟差不逮德意志故至今由醫科大學校官派醫學士赴德留學者尙項背相望也然則日本之所以强日本非能自强也有多數之學生破巨浪冒驚濤千辛萬苦萬苦千辛日夕預備其所以强日本之原料逮至歸國而遂有以應用也今綜計東京之中國留學生數可及千浙江留學生數且逾百不可謂不多然試思以中國土地之大人民之衆三十年積穢之難掃（西人嘗謂中國之腐爛達於極點譬之牛攔豕闌積穢三十年不掃欲一且掃除甚難此說得毋太謳然中國人日居中國習慣自然相與俱化所謂入鮑魚之肆久而不聞其臭故中國人無自知中國之腐爛者若使游歷外洋於其政治上社會上略略考察未有不自愧自厲自憤自恨自吁自嘆信西人之說以爲眞然亦須稍有學問稍其見識若在日本各埠華商雖居外國數十年仍於中國腐爛習慣未有改革

僅僅恃有此數勢必不足於用且使中國大局危險不至如今日之甚則某等雖心愛中國心愛中國一部分之浙江猶不敢冒昧造次涕泣呼籲於我　鄉先生諸父伯叔之前無如列强之逼移日益加緊日人某謂中國存亡所爭祇在此五年間此五年間不興遲則將無存理哀哉斯言爲之毛髮悚然今東三省俄人未肯撤兵新約要求殆將盡諸東三省旣折入俄猘犬狺狺羣起爭食瓜分豆剖其禍立見各國於欲占省分平日早厚集勢力劃分圈線與政府訂立不割讓條約而浙江則有英意兩國先後訂約所謂二重不割讓之區域也日本經營福建封豕長蛇未饜其慾更欲伸足於我浙前年日人志賀重昂曾著論昌言欲英人讓浙於日今英日已聯盟密約之有無未可臆測要以近事觀之日人之視浙與視閩直無所異各報記中國事輒於閩浙兩省爲尤詳前歲日本大操各省皆遣官往閩浙所遣官日人接待有加禮此非明證歟杭州拱宸橋闢貿易港商務極蕭瑟冷落而日人之到杭者彌衆靈學館總教習前島盤

通信

踞不去。武備學堂總辦一歲數易。大權盡入總教習齋藤氏之手。學生祇百餘。而日教習多至九人。更增設小隊。而日人爲之尸。此其密爲佈置。草蛇灰線。畧可尋索。彼聾瞽烏從知之。嗟乎。朱明當陽之會。倭寇擾我浙東沿海。居民積骼塡野。流血成渠。今乃以欲我三十四千餘萬之方里。入其版圖。一千一百餘萬之人口。登其奴籍。誰非國民。其肯俯首帖耳。投紅日大纛之下哉。浙江之存也惟今日。浙江之亡也惟今日。勒馬懸崖。不足喻其險。燃火眉上。不足比其急。某等漫游海外。見聞較切。匪敢臆造危詞。上瀆淸聽。良以天慘地黷。霧塞雲昏。大禍臨頭。爲時匪遠。一旦地爲人有。某等無國可歸。將等諸猶太人之飄零無所。終爲異族所殘殺。而廻眺枌楡。則已家產蕩亡。（臺灣林稱敵國富自臺灣割與日本家遂中落是其例也）骨肉瑣尾。子若孫且永不得爲上等人。（英滅印度一百餘年印人不得入議院充議員又不得學兵學今日本於臺灣亦然是其例也）世世墮落泥犂地獄。勿能拔。嗚呼。某落筆至此。心爲之悸。膽爲之顫。鼻爲之酸。淚且涔涔然覆面。不自知其何從也。雖然。病亟危矣。而仍不能不求藥。且正惟病危。而求藥益急。蓬萊壺嶠間。實神仙不死藥產生地。某等貿劚於此久矣。惟以病之重。且久需藥無窮。而求藥之人有限。故必冀內地有人接踵紛來。合大衆之力入山冥搜而後捆載歸國炮之製之以飲病者沈痾庶幾乎立起此某等所以近頸企踵日望中國之多出洋學生而涕泣呼籲於我　鄉先生諸父伯叔者意亦在是豈不以出洋留學爲今日救急之第一義哉然而我　鄉先生諸父伯叔其不肯令子弟出洋爲鄉里提倡而於官費學生又未爲代謀者此非頑固守舊視新學若仇敵也亦非心腸冷眼孔小置一省公共之事於不顧也某知我　諸父伯叔心實有所疑一疑留學生之講自由平等無父無君也夫己之自由以人之自由爲界自由固有界矣外國法律最嚴人人有自由權人人必守法律所謂身體自由權思想自由權行爲自由權靡不在法律制限範圍之內未有闖乎法律制限範圍之外得享絕對無限之自由者也至若平等之說雖共和如美利堅未能行之無他富貴貧賤固自有等其勢不能平也實則亦平權耳外國憲法凡納租稅于國家之人民皆應享國家之權利非若中國官則隆然若帝天民則藐然如草芥此眞合乎公理特暴君汚吏爲不便耳留學生講平等自由於道德有何損壞且平等自由與君父何涉若以講平等自由爲無君父然則外國弑父弑君之案當層見疊出不絕

於報章何以寂寂寡聞如斯也外國人享自由平等之幸福不聞受無父無君之惡名中國人託自由平等之空譚乃加以無父無君之徽號異哉此第一疑可破一疑留學生之造反也夫造反必有據今內地挾以爲據者駐日公使蔡鈞湖北署督端方之說耳蔡端何所據則以拒俄事學生組織義勇隊預備赴敵耳殊未知義勇隊之事不過以東三省問題緊急一時羣發公憤作此聲勢一以聳動政府使有所醒悟而不致鹵莽簽押一以示武外人俾外人知我國勢雖衰士氣尚壯未可遽肆鬻割此設義勇隊之苦心日本報於此事未嘗反對至著爲論說以相誇美不圖竟以此觸怒蔡鈞端方也蔡鈞以去年孫吳之事切齒痛恨於留學生日思尋仇啓釁致吾輩於死地端方以不能禁湖北學生界惱羞成怒切齒痛恨於湖北留學生而并罪及全部此留學生『名則拒俄實則革命』之說之所由來也不然總監督汪於留學界之一舉一動可謂深切著明何以無一紙電文蜚告政府耶且欲反則竟反耳而何必託言拒俄是役也滿洲籍學生某實簽名入隊而義勇隊章程又明明大書特書在政府統屬之下也特派員某某二人赴天津求見北洋大臣袁亦冀其堅持

東三省撤兵舊約豫備戰事耳東三省問題如竟決裂必先自中國先與宣戰而請英美日三國協助如此則猶是中國爲主英美日爲客若坐視俄日開戰一若此俄日二國事於中國無涉也此則戰後結果不可言矣特派員欲以此說袁心直如青天皦日袁不見諒拒而勿納亦適成其爲袁耳焉有革命造反而作如此之舉動者乎留學生學問即淺陋智識即幼穉亦奚至懵昧若此是第二疑可破二疑既破某料我諸父伯叔猶有二慮一慮日本之淫風大盛也持是說者必鑒於十年以前滬上東洋妓之多而又習聞男女同浴之說遂疑日出處島國淫風流行與鄭衛之桑間濮上同殊未知男女同浴乃日本舊時陋俗玆已申禁市上浴堂林立而男湯女湯兩室隔離鴻溝顯劃烏覩有所謂裸而相逐者乎妓風何國蔑有以日本論學生之爲狹邪遊者蓋尠蓋日本學校學生必衣校中制服出入妓家有所未便又妓家留客必以客之姓氏報警察凡在日本境內人雖屢屢遷移警察皆能知其行蹤無敢僞造姓氏者以學生狎妓大爲學界上汚點爲衆所不齒故日本妓風雖盛獨學生不慮其沾染也且邇來各省同鄉會既立會內自治最嚴苟有私德敗壞之事小則勸誡大則勒令回國故雖越在海外無父兄之督責直較諸在家之有父兄督責者守身尤謹無他知自尊自愛自治自治之與被治於人固有間也至若叉麻

雀吸鴉片中國之所謂普通學人人肄業及之者留學生謝不敏矣是第一慮可釋。一慮辮髮之莫保也夫拖辮之不足壯觀瞻有害於衛生而生種種之不便人知之矣然以二百數十年之習慣政府既未下薙辮之令苟可以留毋寧留之日本留學生有度置辮髮絕妙之法蓋少薙腦後以減少其髮挽髮於前仍作三結辮髻之承以簪作螺形隱於冠中弗之見也其有薙辮者大率不能忍日人之唾罵（日人稱中國人辮子爲豬尾或稱豚尾又稱半邊和尚蓋一半薙髮似和尚也）或於體操時因辮之障礙而受蹉跌損傷破額流血之苦不勝憤怒而遂放手一刀斬斷葛根以爲快然亦不逮十之五不薙辮者則靡勿用挽髻之法因有此法而辮之獲保全者若大若小若粗若細若長若短不知若干條是第二慮可釋二疑破二慮釋然則我　鄉先生諸父伯叔其亦可恍然於日本留學生非如檮杌饕餮不可敎訓如誣衊者之云云則宜速自派遣子弟寬予學費資以出洋爲鄉里倡（外省搢紳子弟在日本留學者湖北如饒應祺中丞之子湖南如魏光燾制軍之子若壻安徽如馬玉崑軍門之子廣東如許應騤制軍之孫此其尤著者也此外如二三品大員子弟甚多不勝枚舉）而更百出方法于官款於民款務籌的款以充出洋學生經費以　諸父伯叔之名位之資格運用手腕何所不可特一反掌間耳彼湘鄂東省官派之多若鯽何獨我浙江而寂寞若是官足恃則恃官官不足恃則恃紳紳不足恃將誰恃耶且我鄉先生諸父伯叔亦應諒某等哀哀長鳴涕泣請命之意矣夫以中國之常情論之物少則見珍同業則相妬今某等幸而捷足先已留學於此苟爲一人之私計則自茲以往續有來者皆與某等旗鼓相當競爭名利者也某等亦何樂內地之紛至沓來增無數之勁敵顧某等絕不作是想誠不敢爲一人之私計實有見夫今日之中國外有什百千萬之幼者少者壯者紛紛出洋各視其性質所近自攸一門專心肄業中國將永無可譚學問之一日即永無可以言保全之一日是然讜言稍知今日之大勢者必知之稍明優勝劣敗之公例者必知之雖有蘇張之口不能奪是說也

我

鄉先生諸父伯叔其亦諒某等哀哀長鳴涕泣請命之意乎故鄉異國天各一方靡所貢獻惟此熱血坿呈說帖數則伏祈採納臨穎主臣無任企禱某頓首

◎謹擬款之籌策如左

○（甲）官費　今官場方困於賠款仰屋嗟貧某獨曰官費曰官費此所謂不識時務之譚也省城武備學堂去有年官派頭班學生出洋之說五角六張卒無

通信

成議茲殆如雲烟之消滅矣嗚呼不解我浙江何以貧窮至於斯極也官家之出入項款棼亂莫能理詭秘莫能測以臆度之浙江素號財富當不在湘鄂東省下咸同軍興之會皖鄂餉饟半出自浙今即以賠款故然如酒捐膏捐房捐錢糧加徵鹽斤加價何至不足以相抵何至區區出洋學生經費而不能籌畫毋亦當軸者無意於國之存亡而我鄉先生諸父伯叔亦豈能辭其責耶東洋學生經費大率每人歲需墨銀四百元（墨銀換日銀或八折或七折以金磅之貴賤為差）每年能有款二萬元即足派五十人矣二萬倍之即足派一百人矣二萬四萬之款不可為不巨然由官籌畫詎以兩浙之大竟無可設法無可代謀此折枝不能之說其誰信之侯官林啓為杭州大守首先提倡風氣為吾浙謀者甚至杭州士紳德之為建祠於西湖之孤山歲祀其栗主勿衰甚至泣挽靈輀勿使去於孤山之麓葬焉葬之日士紳白衣冠來會者數百人杭人之所以報林至矣今吾浙之官聞未有若林者故必恃我　鄉先生諸父伯叔共同一致以與官力爭於無可設法之中設法籌措一省之中至少必有常年

的款四五萬以充派送學生出洋經費所謂官款者此也。

○(乙)地方公費　時至今日地方之瘠苦極矣然猶有可籌之公費在。公費可分為兩種。

○(一)通常儲積之公費

○(一)特別籌集之公費

通常儲積之公費。其犖犖大者。如善堂如各業公所會館之貯蓄金如演劇賽會之貯蓄金。(演劇賽會亦有臨時募集者)皆是。自餘名色夥頤。不可殫述。大抵各地方情形不同。每一地方即有一地方之公積。特視用之如何耳今試以善堂論堂以善名。誰敢倡議裁撤。但彼之目的注重於養不注重於教孔子商治衛之策。庶加以富。富加以教。子產以乘輿濟人。孟子譏其惠而不知為政。今中國所謂善堂宗旨。實不與孔孟合此莊周所謂「喣喣為仁孑孑為義」刻言之實太上感應篇文昌帝君陰騭文之新傳蓋四書五經之精義早掃地盡矣不講公衆衛生而惟施醫施材之為急不興工藝農桑而惟施衣施食之是務馴至游民愈多生計愈困竭善堂之力養不勝養至是吾不知董其事者復有何策以處此悲夫彼刁衿劣紳窟穴於善堂而爲鬼爲蜮者固當鳴鼓攻之罪在勿赦然使墨守成法罔知變通所以爲地方謀者徒補苴罅漏不於源頭根本上着想則雖實心實力款項涓滴無所蝕豈遂足以告無罪耶謂宜從今以往於堂中各項酌量減少其數而移此餘款派人赴日本學醫學工學農有醫學而後施醫局不至以庸醫殺人也有農學而後充公之田畝可以新法種植獲利十倍也有工學而後可開工廠收貧民而教之（黃思永于北京創辦工藝局時當庚子兵燹之後瘡痍滿地設局招收貧民教以工藝貧民均賴以得活近工藝局益加推廣製造品亦益多矣）施衣施食之事將無庸也轉移之間而利害得失之相反深切著明若此此籌款于善堂而實所以扶植之擴充之事之便利孰過是哉至若公所會館及地方上演劇賽會之公積則權自商民操之非苦口婆心剴切勸喩之不可然商民習俗恒以與搢紳結納爲榮故利用之亦甚易此則神而明之存乎其人非某愚拙所敢知也」特別籌集之公費無定則試舉其例某在家時曾聞紹興有某紳創議收航

船捐。以充學堂經費。蓋紹興至西興一帶之航路。航船往來如織。例須納陋規於縣署。差役所費不貲。某紳招航船戶與約。視其平日所納陋規之數。捐十分之六七於學堂。而爲之請于官。永遠革除陋規。航船戶以納貲旣減。而又無虎狼差役之需索。咸大喜允諾。事垂成矣。未審何故卒罷議。殆有爲虎倀者作梗歟。地方上可籌之款。如此例者多矣。至如何籌之。則又神而明之。存乎其人。非某愚拙所敢知也。

○（丙）學堂公費　今中國規模闊大之學堂。歲需經費或二三萬。或三四萬。或五六萬。而學額輒僅百人。或百二十人。極多至二百人止已。試平心論之。中國此等學堂。歲縻鉅款。四五年後。所謂卒業生。其學問程度。果居何等。造成之材。果適何用。恐學生亦未敢自信也。矧邇者學界風潮。日益迫緊。非被斥逐。即自退校。如吾浙大學堂（前爲求是書院辛丑冬改今名）自丙申迄今。已逮八載。先後肄業學生數。殆近千。若杭州府中學堂（前爲養正書塾辛丑冬改今名）自戊戌迄今。已及六稔。先後肄業學生數。亦累百。幾見有一人領卒業文憑者乎。以故今日之所謂學堂。

一養老院而已一下宿屋而已較諸考八股策論之書院固有間矣然以常年數萬金巨款之學堂收考學生祇有此數而杳杳無卒業期與以數萬金之款資送學生出洋其利益之厚薄尙待智者決耶今日本帝國大學校法科學生錢君承誌吳君振麟工科學生陳君棿何君燏時高等商業學校學生陸君世芬皆昔日求是書院派送者也而今或已卒業其未卒業者亦翹足可待惜當日祇派送此數人耳向使縮短其養老院下宿屋之經費而多派之迄今日豈不於大學堂放五色之異彩乎哉嗟嗟往事已矣可勿言矣某願我　鄉先生諸父伯叔有握官立學堂之柄者必於常年經費中另提一宗特別款專爲派學生出洋之用更删煩節冗以節省之費補其未足所謂學堂公款者此也

○(丁)家族公費　家族公費則祠堂之公款是已杭嘉湖三府少有數千戶數萬戶聚族而居之村落重以家族思想之單弱無公共祠堂以爲之機關無公衆產業以爲之基本故言家族公費杭嘉湖三府殆不足齒矣以某所聞

家族制度之最發達最完備者。其紹興乎。自餘若甯波、若台州、若金華、若衢、若嚴、若溫處。大都一族之中。必有祠堂。而祠堂中之公款。雖多寡不一。要皆能供祭祀而有餘。更有鄉會試川資。其得雋者。例得錢若干串。田若干畝。夫以山川阻深。風氣閉塞之地。方羣騖於策論。以中舉人中進士爲宗族光。欲變其習俗。良非易易。然亦思各地學堂雲起。學堂與科舉勢不兩立。互相血戰。科舉已漸有敗衂之勢。詎不聞政府欲停止科舉乎。詎不聞辛丑之秋。煌煌上諭。獎厲游學。并優予出身乎。中舉人進士與游學卒業同爲家族中榮顯之一途。資以公費赴試。與資以公費遊學同爲家族中任卹睦婣之美意。挹彼注茲。疇曰弗宜。我鄉先生諸父伯叔。而自爲家長族長也。則可以家長家族之意見。與同族人協商之。我鄉先生諸父伯叔。而不自爲家長族長也。則可以個人之意見。與家長族長協商之。總之鄉里辦事。必恃有名位有資格。以我　諸父伯叔之名位之資格。特患不提倡耳。焉有提倡而無坿和者乎。所謂家族公費者此也。

通信

◎謹擬派送學生出洋之目的如左

○（甲）師範　師範者學爲師之模範也日本師範學校卒業得爲小學校敎員。高等師範學校卒業得爲師範學校中學校高等女學校校長及敎員。師範學校之學科目爲修身、敎育、國語漢文、歷史、地理、數學、物理化學、博物、習字、圖畫、音樂、體操、外國語、農業、商業、手工、修業期限四箇年。高等師範學校之學科分豫科本科研究科。豫科之科目爲倫理、國語、漢文、英語、論理學、數學、音樂、體操。本科分四學部。第一學部之科目爲倫理、敎育學、心理學、國語漢文、英語、德語、法語、歷史、哲學、言語學、生物學、生理學、體操。第二學部之科目爲倫理、敎育學、心理學、哲學、地理、歷史、法制、經濟、英語、生物學、體操。第三學部之科目爲倫理、敎育學、心理學、數學、物理學、化學、哲學、英語、圖畫、手工、體操。第四學部之科目爲倫理、敎育學、心理學、植物學、動物學、生理學、鑛物學、地學、農學、哲學、英語、圖畫、體操。以上四學部聽生徒自擇。研究科之科目爲倫理學、敎育學、敎育制度、行政法、社會學、哲學、美學、實驗心理學、學校衛生、專科教育兒童研究、教育演習、修業之年限、豫科一箇年。本科三箇年。研究科一箇年。綜而計之五箇年卒業。至入學資格。則必有中學校卒業之程度。吾國學師範者。必先入弘文學院。即豫備中學校之資格也。豫科本科研究科外。又置專修科及選科。專修科之學科(一)物理學化學科。其目爲倫理、教育學、國語、英語、數學、物理、化學、手工、體操。(二)動物學植物學科。其目爲倫理、教育學、國語、地學、植物、動物、生理、圖畫、體操。(三)爲農學地學科。其目爲倫理、教育學、英語、化學、地理、地學、農業、體操。(四)爲國語英文專修科。其目爲倫理。教育、國語、漢文、英語、歷史、體操、音樂、(隨意科)(五)爲英語專修科。其目爲倫理、教育、國語、漢文、英語、歷史、體操、音樂、(隨意科)(六)爲數學專修科。其目爲倫理、教育、國語、英語、數學、物理、簿記、體操、音樂(隨意科)天文學、(同上)專修科亦聽人自擇。各科修業年限二學年二學期。(一學期三箇月)有以豫科本科研究科五年卒業爲遲者。則入專修科或選科。選科者於本科各學部中選擇其科目而修之。修業期限三箇年。惟選科生徒。無論選何等之科目。而不得

通信

不兼修教育學。此可見教育學爲師範最要之點。不修教育學者。即失爲師之資格也。中國校長（一校之長中國學堂稱總辦亦或稱總理）教員能通教育學者蓋鮮。夫中國今日尚無立大學校之資格。次之則立中小學校。而中學校之教員。必取之高等師範卒業生。小學校教員。必取之師範學校卒業生。故未有不先養成師範而可以鹵莽滅裂設立學校者也。往者官紳不達斯恉。於師範毫不厝意。今則圖窮七見。百弊叢起矣。前車旣蹶。來軫方遒。中國而不欲開學堂也則已。開學堂而任其腐敗也則已。否則宜速派人來日本學習師範。吾浙官派師範學生。今在弘文學院者。僅十數人耳。全浙之大。而學師範者祇有此數。吾浙學界永無放光明之一日矣。哀哉。

○（乙）速成師範　去年春夏之間。弘文學院添設速成師範科。講義由繙譯傳述。故無庸通東文東語。教員大都爲日本有名教育家。所講於教育學及學校管理法爲詳。一星期間。恒有一二日由教員率領學生至男女各學校及幼稚園。察看考驗。限六閱月卒業。是蓋爲中國人特設。師範之速。未有速于是者也。湖南首先派學生往。湖北廣東繼之。而自費生亦往々厠列其間。更有九月師範。一年師範。一年半師範通稱速成師範。弘文學院校長嘉納治五郎。（即高等師範校長）自去冬游歷中國。歸益以中國教育爲己任。今春弘文學生因事齟齬。同盟退校。迫嘉納氏改良學課。故今之弘文學課。較前爲勝。入弘文者踵相接也。嗟乎。吾中國自有教育煩他人爲我任。我及今速謀所以能任者。將來尚有自任之一日。否則行政權商務權路礦權既全入外人之手。將并教育權而亦不得自握。則亦并土地而不得自有矣。夫至土地不得自有。尚忍言耶。曾記上虞經蓮珊氏。創議由各州縣任派速成師範學生若干。略以缺之大小肥瘠爲差。以浙省七十二州縣計之。多則可至數百人。少亦在百人以外。此種學生每月需日銀二十五元。以九箇月計。每人需日銀二百二十五元。以近日不低不昂之鎊價核算。約合墨銀二百七八十元。加以川資二十元。三百元足矣。知縣缺即甚瘠苦。籌三百元。派送一人。尚非難事。其肥美者。如杭州之仁和。嘉興之平湖石門。湖州之烏程歸安。甯波之鄞縣

通信

慈谿紹興之山陰會稽雖一縣派送三四人其所損亦祗如九牛之一毛而於地方之利益則已甚之不能盡言之不能窮有地方之責者為去思碑計為循吏傳計何樂而不為此我　諸父伯叔為桑梓計亦何所顧忌而不與大憲協商贊成此事乎吾浙欲各州縣徧立小學校謀教育之普及舍斯策末由是策也最簡易最平均最穩妥某等日夕馨香禱之鞠跽祝之

○（丙）

陸軍　陸軍為中國急則治標之第一要着而督撫恆置之不甚措意此事之最可駭怪者也昏夢沈々鼾睡隆々撼而醒之亦賴有明達之紳士耳中國凡百庶政靑黃不接時猶可借材异國聘訂客卿獨軍事則非同種同族人不可使之為將弁傳所謂非我族類其心必異是已今中國將弁其能識字通淺近文理者蓋尠平日舍尅扣軍餉以外無學問除遊嬉賭博以外無事業充其能力且不足以平內亂去年嚴州桐廬之役賴武備學堂學生率武備小隊往乃始克之此其證也今官場即不欲整軍經武與列强抗然所謂會匪土匪未動則宜防既動則宜勦若如今常備軍續備軍循是不改

防勦難矣事機所湊萬一有勝廣者流搴木揭竿羣起而與官爲難雲南臨安府之覆轍可爲寒心某等念切桑梓每一念及膽爲之顫竊以爲欲勝內亂必先整頓營制而欲整頓營制必先儲整頓營制之材欲儲材則必派陸軍學生出洋留學難者曰南洋陸師學堂程度在日本士官學校上而吾浙之武備學堂亦能與士官學校埒豈必出洋留學乃足寶貴乎是說也所謂知十而不知二五者也士官學校程度在日本原未達高點士官之上有砲工學校再上有陸軍大學校特中國留學生輒於士官畢業止耳且陸軍學生其得力半在聯隊成城學校習普通學畢業入聯隊時稱士官候補生受特別之優待與尋常之兵卒異至習鍊勞苦與軍事上之種種經歷皆與兵卒同一生之學問千錘百鍊實基於此由聯隊入士官學校畢業復入聯隊時稱見習士官蓋已具士官之資格令實地學習也見習士官三閱月乃稱少尉其有秩序也如此南洋陸師學堂各省武備學堂能有是耶然則派陸軍學生爲當派耶爲不當派耶抑某更有一策日本大學校工科畢業生恆

通信

有自願入聯隊以資歷練者。今中國派遣學生。若已於武學堂畢業。實則可援斯例。不再入成城士官兩校。逕入其聯隊。或一年。或兩年。此則獲益甚多。而收效更速。特中國留學生。向無此例。須與參謀本部商辦耳。此例開。而學武備之途益寬。吾浙其能爲各省倡乎

○(丁)工藝　今之世界。商世界也。實工世界也。日本以農立國。向與中國同。今則駸駸乎由農國進而爲工商國。地球上農國。惟中國一而已。以農國與工商國競。其何能支。故今日言派遣學生。工藝一科。又爲急迫切要之事矣。日本留學生。數不下千人。而工科中人。寥寥可數。良以工業一事。既非如師範之祗學高等普通而止。又非若學政法者之精神活潑。學陸軍者之蹈厲發揚。必具一種沈毅之性質。縝密之心思。而能刻意劬學者。乃始於工業相宜。此種人既不可多覯。重以官私費學生。素不以工爲重。等於形下之末務而不屑措意。故至今工科中人。寥寥可數。此其原因也。邇者留學界上。漸漸知提倡工業主義。以某所知。茲方習普通學。而將來之希望採鑛者。鐵道者。

造兵學者。火藥學者。建築學者。已不乏人。留學界之氣風轉移甚捷。不圖內地猶是閉化如此。習見夫外國工藝之精製造品之輸入者。如電火之十色五光。不可思議。如潮汐之千軍萬馬。不可遏抑。而曾不有所感觸。媿厲奮發。思得一當。此某所大惑不解者也。然某逆料我中國一般之智識。苟稍稍開明。其視綫必能注射于工之一點。何則。蓋生財之源在是也。日本學工大概可分爲兩種。(一)專門技師(一)補助工手。有中學校師範學校卒業之程度。入東京高等工業學校。校中之教科爲染織科窯業科應用化學科機械科電氣科工業圖原科共六科又染織科分色染分科機織分科電氣科分電氣機械分科電氣化學分科 或實業教員養成所。內分農業商業工業三所 於此卒業者。爲專門技師。更進而上之。有中學校師範學校之程度。試驗合格入高等學校三年。入大學校。又三年。畢業。得稱工學士。是亦爲專門技師。而技術較他校出身者爲精。資格亦較他校出身者爲高。惟修業年限。視高等工業學校。實業教員養成所。殆延長一倍。故若欲急求速化者。則毋寧入高等工業學校及實業教員養成所也。至所謂補助工手。則有私立之工手學校。是校創建於明治二十一年。其設立趣旨。乃以官立學校。皆養成高尚之技師。而乏補助之工手。以供指臂。即爲工業進步之一大障礙。故是校之設。分土木、機械、電工、造家、造船、採鑛、冶金、應用化學、八科。以速成之方法。定修業年限爲二年半。分學期爲五期。每期五箇月。分學科爲豫科本科。第一期第二期專修豫科。第三期第四期第五期專修本科。入學之資格。有高等小學校二學年之程度者。得入豫科。第一年能通算術。代數。(一次多元方程迄)幾何。(平面)三角術。(計算迄)製圖。(平面立体)英語初步。物理學初步。化學初步。普通文者。得入本科中國留學生欲入日本專門教育之學校。輒以未先豫備中學校之普通學。以是爲難。入工手學校之資格。獨不必盡習普通。而惟以數學爲最要點。某聞吾浙人之通數學者。以紹興爲多。次之則金華台州。是三府者。必有無數可學工藝之學生。惜無人鼓舞之運動之。又或限於家境不能自有資斧。此則恃我　鄉先生諸父伯叔之贊助矣。又有若鑄印。若裝訂洋式書面。若造紙。若造肥皂。若造蠟燭。若造樟腦等。身入其工廠學習。或半年或一年。皆能卒業。惟不能日語者。須豫備日語。至少六閱月。此則徒費時日耳。然幷計亦祇一二年。試較諸中國所謂『三年徒弟四年半作』者。其遲速何如耶。某前言地方公費。家族公費。舍派送師範及速成師範外。蓋必以是為宜矣。至若巨商殷戶。思欲開設各種工廠。發意之始。且緩招股。而必先以派人出洋學習為第一義。毋論子姪戚友。即素不相識者。亦不妨資以學費。俟畢業歸國。而工廠告成。即可為廠中之用。今人動輒喜譚工藝。開工廠。而眼光如豆。視線所注。祇及三尺。從未聞有先自出洋學習。或派人出洋學習者。非依賴洋人即擿埴索塗。冥行而顛仆。噫。中國工藝之前途。正不知何如也。

餘若政法。若醫學。若商業。若農業。若林業。若蠶業。若獸醫學。若音樂。若美術。若郵便電信。若警察監獄。皆為國家至急需用之事。而以上甲乙丙丁所述。祇及于師範。速成師範。陸軍。工藝。則以之四者。按之今日時勢。實為急中之尤急。而又宜有多數之人趨之若鶩。迺能於內地有極大之影響焉。夫欲有多數之人趨之若鶩。則非恃官費。地方費。學堂費。家族費。不可。顧為全浙之

通信

總機關者則我　鄉先生諸父伯叔負其責也我　諸父伯叔或居廊廟或處封疆或在水邊林下境地不同要於浙江靡不有祖宗邱墓之感桑梓敬恭之誼某貧山無力塡海有心拉襍書此殊乏條理若幸蒙採納見諸實行敢爲浙江敬謝嘉惠倘竟不見諒指爲妄譚目爲多事即羅謗讟良亦無嘗知我罪我其何有焉

右書爲同鄉會全體之意屬孫君江東主稿孫君脫稿未半遽以肺疾入病院夏五匆匆返國茲續成寄刊書中詞旨悱惻感人讀此而猶不心惻然以動腸一日九廻者必其心腸純以鉄石鑄造者也所擬籌欵方法及游學目的俱按切本省情形酌量出之不爲好高騖遠務求切實可行吾浙藉京內外達宦及退隱鄉老其名位資格足以與地方辦事支配者何啻百數是書有效果乎抑無效果乎實一難決之問題仍俟吾浙人共決之也

本誌謝識

社說

國魂篇（續第三期）

第五節之續　道德問題

飛生

甚矣我國民之精神病也舉國上下蚩々于肉慾形骸之苦樂吾勿知而但默察其精神上則實有無上之苦痛在其在近因之淺者言之則政府不信用于國民使之自生亡國之感而又經濟風潮橫迫而來蚩蚩之氓莫知其然而但呼天命之迫我故釀成此憂愁慘痛之氣象者一也雖然吾國民之精神病其遺傳之由來甚遠者也試讀古人之詩其精神勇壯而有萬死不回之氣象者百不得一也其所傳爲名著者則無非憂愁感慨令人讀之而歎息淚下嗚呼是蓋幷其快樂之氣象而亦失之者也幷快樂之氣象而失之則無怪其堅忍力之日弱矣堅忍力者非可以思想

得之者也所貴有實地之修養焉實地之修養者何養其精神上之快樂而已吾未見有精神病者而能建百折不回之大業者也然則精神病之原因奈何吾不得不歸之于宗教宗教者精神之歸宿處也精神無歸宿則必隨外界之境遇以爲轉移終日逐逐未有不病者也病矣未有不喪其快活之精神者也吾聞商業學校講師之言曰英人之經略南阿而成功也其功實原于商船上禮拜堂之鐘初陸疵（陸疵一商人也經略南阿之發起人也英人稱之爲經略南阿之偉人）之至南阿也爲養肺病計也使亞洲人而處此則將蹙蹙其容負負其背而惟死之是憂矣然陸疵至南阿見英國商業將來實有大希望于此于是經略之雄心忽起乃設大商會築路開礦岌岌不遑遂以成今日之美果夫陸疵以病身而能建此莫大之偉勳者蓋實由于宗教之觀念强精神快活而氣魄遠大也故商船上之禮拜鐘實猶行軍之喇叭與軍歌也然則黃白人種之强弱與夫中國人之精神病可以識其原矣此爲道德腐敗之第四因

夫此四者其原因積之於數千年以前積重因循以成此一種卑鄙齷齪頑懦無恥

之習俗自今以前其現象則若是也已矣夫道德者隨羣治之狀態而與之俱進者也吾中國已往之歷史如永靜性者然故道德方面數千年曾未見有改革進步之一日（天下不進步者未有不退步者也道德之發達依人治而社會之發達依自然我中國社會自二千年來固依自然之大勢以日趨于繁賾而道德方面仍局促于家族故昔時則道德猶可以統治社會及漸趨漸大則統治之力益薄弱而道德益腐敗矣中國人尊古賤今之原未始不由是也）及夫近數十年來泰西之文明觸接日益近而自甲午喪師以還中經戊戌之變庚子之亂大勢所趨激而愈烈社會之面目一新矣識者且以此爲中國進步之徵嗚呼信如斯也則於道德方面上如上所述四者之中其必有一二改革進步也不然則或有一二小社會能蹈厲奮發以求自進而自厲也即不然則或于驕奢淫佚種種之惡德上稍減其一二也嘻、而孰知其洪流滔滔竟日下而不可收拾也吾乃知自甲午以至于今姑無論政治上武力上生產上有奄奄日沒之勢即社會上其退步之速實有不可思議者存也（余別有十年來中國之退步考）是何也曰我嘗求之于歷史而得之我國民之道

德上于上四者所述而外有道德上之根本缺點一其事維何曰喪失其民族的自覺心是也

吾今請與我國民論自覺心則應別爲三節而以次敘述之

一　自覺心者立國之源泉也

二　支那國民與自覺心

三　喪失自覺心之原因

凡一個人立于社會之中而欲自有所建設焉一民族立于世界之中而欲自存其生命且保有其國家之光榮焉則必有一種無界限之大希望以驅策其進取心使之無冬無夏以日奔赴于前途而不然者則其人必其殘廢疾病不欲自齒于人類者也其民族必其深山窮谷不能占世界地圖上之一位置者也顧此進取心何自而來乎曰是由二方面其順應而由正面發生者則自尊是也若曰吾國之歷史如是其光榮也吾國之人物如是其英雄也吾國將來必其占世界上第一等强國庶毋負我祖之光也其逆擊而由反面發生者則知恥是也若曰吾國昔被敗于某某

一可恥吾國昔受辱于某某二可恥吾國將來必其雪其恥庶以伸吾祖之氣也由斯二因而吾欲如是吾欲如是之觀念起吾欲如是云者則希望之謂而進取之源泉也顧此自尊也知恥也其觀念又何自而來乎曰是惟有自覺心之故自覺心者自覺其我之爲何等人是也吾以淺近者譬之人當中夜人靜萬籟岑寂鷄鳴一聲披衣起坐俯仰上下星月皎潔當是時也必恍然若有悟吾其爲何人歟必自覺吾身有一天職在必自覺吾身有一希望在必自覺未來無極希望無窮吾將竭力奔赴尚覺有歉然不足之感是即所謂自覺我之爲我之自覺心焉故夫差之復仇也使人呼曰夫差！必呼其名而告之者所以提警其自覺心也個人如是一民族亦然惟其有民族的自覺心故民族能自認其天職而民族帝國乃出現焉若日耳曼人是也惟其有民族的自覺心故等是遇强者于此而辱之焉其無者則思媚之依之以自保而其一則思陰蓄勢力以抗之也若日本是也是故一民族而無自覺心未有能建國者也國矣未有能立于大地者也故曰自覺心者國家之源泉也

然則中國國民之自覺心果何如乎果其有也則民族云者當以自建國家爲第一

社說

天職而何以至今日尚未有所聞也然猶曰智識之未開也果其有也則自臺灣既割以還政府之不足以保吾民已可概見而何以不聞其有所自爲謀自爲計也果其有也則虎豹豺狼不食其類而何以乃仇殺同種以爲事異族之媒也今夫自尊云者自尊其國之謂也而土地之大歷史之久文明之早他人之所以編入史書教其國民啓其雄飛之思想者其在中國則一變爲虛驕因循也今夫土地之割首都之破同胞之殘殺他人之所以立石建碑教其國民啓其激刺之感情者其在中國則一變而諂諛焉柔媚焉嗚呼若我皇祖乎皇考乎吾不知其以何因緣造何冤孽乃使之其子若孫不知于何年何月何日乃取其自覺心而亡之而此重重河山泱泱貴種遂卒以此而亡國而亡種痛矣夫孰使我至于此極也

顧吾今日又有中國死生存亡之大問題一則中國人之無自覺心也其爲天然所困而未嘗發達者乎抑或特遭摧殘零落而始喪失者乎果其爲未發達也則吾中國將來爲有望之國二十年之後吾祖國必其出現于世界也無可疑也果其爲已發達而遭摧殘零落始喪失也則我中國爲絕望之國二十年之後必其昏昏仍如

今日也夫所謂亡國云者豈必待流血數千里而後始得謂亡國云哉但使十年而後報館雜誌即其多幾百學堂學會即其多幾千而中國之亡必斷釘絕鐵其無望也猶是今日之狀態何者大多數之自覺心既喪雖有神聖大哲無可爲也夫自覺心之果爲未發達抑或爲喪失與否以余今日之觀察尙未足以判斷此雖然吾就吾觀察已得者言之

據余昔日之所見與夫時賢之稱述者則以爲自覺心者對外有競爭而後始發達者也我中國昔日國勢統一環處皆蠻族無與競爭故局促于一小區域以內不知有世界焉有能自知其爲我國者故自覺心之不發達根之于歷史者也又曰自覺心者與地理有密切之關係存焉我中國土地過大交通不便深山窮谷守其老死不相往來之遺習者更何從惕以瓜分之慘奴隸之禍日本以島國故一受外力即能自醒支那之大已陷痲木不仁之病故雖外力驟加而曾未有所動也夫俄匈隣也而且種相近然匈人汲汲顧影而俄人則尙冥然罔覺則亦以土地之大而自覺心發達乃遲緩也歐之有俄匈猶亞之有中日也故自覺心之不發達根之于地理

社說

者也夫茲二說也豈不言之成理哉雖然余竊疑焉夫對于外而始知有我斯固然矣然等是對外也而有自覺心與夫無自覺心之分焉有焉者其對外也則有比較心焉有競爭心焉有則效心焉其不然者則有諂諛心焉有依附心焉有曲從心焉夫自互市以來國勢驟易其間能識五洲之大勢者亦未嘗無其人矣然猶曰內地之士未知者多也夫自甲午以來身受大創臺灣之割旅大之租其記憶之而心識之亦未嘗無其人矣然猶曰屠戮之慘焚掠之毒未嘗有所身受也夫自庚子以來流血千里伏尸百萬其目擊之而身受之未嘗無其人矣夫一國而至于兵敗割地首都殘破同胞慘殺果其有自覺心焉則未有不發達者也且即使彼深山窮谷老死不相往來者未之知而沿海諸州若浙閩兩粵臺灣之鄰也若直隸山東親嘗試之而得其味者也苟使此數省之人稍有人心則風發雲厲安在其不能舉支那而興起之小兒之遭鞭箠也其初一二次未有不深以爲恥者也當此而不改及其再而三也則習焉而不以爲奇也故今日而自覺心不發達他日未有再生之望也且夫今日上而士夫有祿于朝者豈不知中國之亡迫于旦夕而彼不能捨一二以爲

援惟思欲旅進旅退以終其身也且夫今日中而讀書之士有名于當世者豈不知中國之亡迫于旦夕而彼不能捨其一二以爲援惟思欲入山之深不復聞理亂當世之事也等而下之以及夫富家翁豈不知中國之亡迫于旦夕而彼不能捨其一二以爲援惟思買地于上海存欵于外國銀行以豫備猶太人之資格也若夫更下之則見洋服者之有權有錢也乃蹴殺同族以取悅之也其第一與第二類者則所謂有曲從心者焉其第三類者則所謂有依附心者焉其第四類則所謂有諂諛心者焉若是乎則吾中國之民族的自覺心其爲摧殘而喪失之蓋無可疑也

嗚乎若我皇祖乎皇考乎吾不知其以何因緣造何寃孽乃使其子若孫不知于何年何月何日乃舉其自覺心而喪失之晤晤以思之吾不忍言吾言印度印度者文明之古國也中世紀以來數經蒙古之蹂躪而姑安息于鐵蹄之下焉英人忽來以印人殺印人而遂舉印而亡之以印殺印者所謂喪失其民族的自覺心是也然則中國之國情可得而言矣方其始也則固以人爲力之未充困于歷史地理之故自覺心之發達甚遲緩而武力亦孱弱焉故一旦忽與外人遇則冥然忽爲所蹂躪

也當是時其得風氣之先而稟有自先天的自覺心忽焉發達者則固未嘗不極誠盡忠思欲光復舊物而歸之于我焉然而慘殺矣敗矣死矣夫一民族之內豈必人人得而英雄豪傑之況文化之未盛必欲責之如今日强國國民之人人有自覺心焉亦勢所不能矣苟使此一二先見者能得志也則向之所謂有曲從心焉者未嘗不可一轉而爲第二等人物焉所謂有依附心焉者亦未嘗不漸轉即有諂諛心焉者彼見夫時勢如此亦可以轉焉而自警醒其腦質中之壞點亦可隨天擇之公例以漸消亡焉今焉不然其腦質中之有壞點者乃反藉之以得志焉其冥然罔覺者則能保其祿位者也其旅進旅退抑或入厭世派者則潦倒終身而僅保其首領者也而一二奇特之士乃沈淪于最下層之苦境若是乎民族之位置亦既倒置矣夫有諂諛心者所謂薰心于利祿而自喪其天眞者也自賊者也冥然罔覺者不自知其有我者也有曲從心者自知其爲我而强自殘喪之者也若是者積之百年數百年日日而防之日日而摧殺之而曰自覺心之不喪失未之有也

（未完）

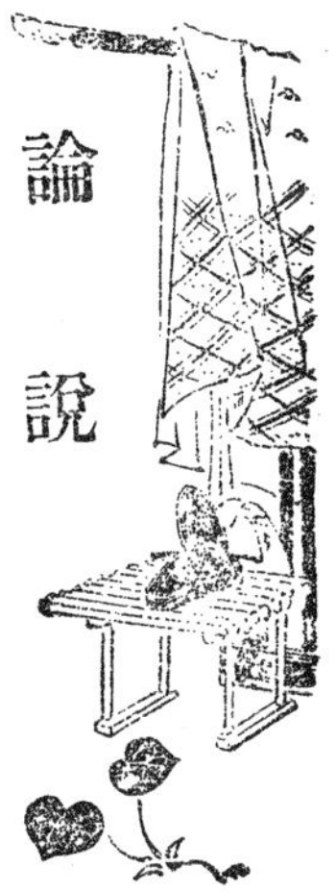

四客政論

願雲

東海之上崑崙之下有古來之大國一焉其開化之期與迦勒底、巴比崙、埃及、腓尼基、希臘、諸國相先後而其衰也較諸國爲獨後雖至十九世紀歐西人種勢力膨脹之時全地球諸古國掃蕩殆盡有名佛教所從出之印度亦已服他人之覊軛而東大陸一老大之帝國尙巍然獨存爲世界所注目其建國氣運之悠久洵非他國所能及者然而如敗櫝中之古物形質儘存一度杖擊已消散而無餘蓋自十九世紀之末年甲午一戰庚子一戰驟從一等之大國降而爲無足算數之弱國雖如雷臘星座中第十九星之變光星以六十一分時間從九等八七之大星滅而爲十一等一二三之小星尙無此速率之比例也不十年間而數千年之根柢殆盡亦奇矣雖然當時之人亦非盡冥頑不靈頽然見焚之將及浸之將淹而不以爲意也蓋亦有痛哭者歎息者呌號者舞蹈者發狂熱而不能自已者與夫逞壓制者任屠戮者鼾昏睡者相角抗錯雜於其間繼而有爲奸利相傾軋出主入奴朝秦暮楚之徒亦紛然竝起卒之無所補救而底於滅亡嗚呼彼之抱熱誠者可憫也聾昏虐者可恨也沈酣惕者可悲也作奸細者可誅也莽莽亡國史中抉擿探索多有可資後世之尋味者有逸史氏嘗得其四客政論一篇其當日人士持執之宗旨約不出此揭而出之亦足以見此古國末運之一斑古國者何則所稱爲中國者是也

四客之言甲曰中國者中國人之中國也孰爲中國人漢人種是也

漢人之爲中國主人翁也遠之不能溯自黃帝以來踪迹已最明白此膴膴大陸一片土而言文化乎漢人發布之文化也言制度乎漢人組立之制度也言語乎漢人系統之言語也風俗乎漢人化成之風俗也而其社稷也孰得尸之山川也孰得主之號令也孰敢布之權利也孰敢侵之誰非黃帝之子孫有二心而敢以祖宗之產業奉人或爲他人之所得而恬焉若忘是狗彘也糜爛其肉不足食也

故夫中國而爲五胡人之所有者必奪自五胡人之手爲契丹人之所有者必奪自契丹人之手爲蒙古人之所有者必奪自蒙古人之手爲滿人之所有者必奪自滿人之手爲白人之所有者必奪自白人之手爲日本人之所有者必奪自日本人之手我中國之地昔者有洪水之患也而我自平之有猛獸之患也而我自除之有異種人別於我種人而稱爲蠻夷戎狄之患也古先聖王亦已撻之伐之懲之膺之猶以爲未足也著書而詔子孫示來茲使知有夷夏之防而異種人之不可腥膻吾土地也夫洪水者一度治之而已足猛獸者一度驅之而已竄惟夫異種人之與我種人也則長相對峙先王者既竭其力以戡定之矣而無千秋萬歲金石之壽則以此責貽之允孫凡我今日皆若受有先王之誥命者也爲孝子乎此之謂孝子爲英雄乎此之謂英雄爲勳名乎此之謂勳名爲事業乎此之謂事業夫自衞者人之對其一己之道德也有國土而不能自衞則無貴有人類矣

是故憂國之士發其蕩海水震天竈之大聲而呌曰立國而不以民族爲主乎則以何者爲主請有以語我來誠哉是言國者非僅地理上之名詞而含有人種之意味

在其中者也否則雖化其地爲錦繡爲寶窟於我種人乎何有彼米國者固世界興盛之國也然而人皆知其爲白種人之米國而非其土著烟顛人等之米國嗚呼此特蘭斯法爾之所以與英爭而非律賓之所以與西班牙爭與米國爭也曾我中國而乃不如特蘭斯法爾非律賓耶

右之言是發於生人固有之自衛心復讐心而又溢之以近世紀蓬勃暢達之民族主義其對將來之歐美人而言自立主義是也對現在之滿洲人而言逐滿主義是也

乙之言曰今時勢之所急者白人也非滿人也是故拒則拒白人爲先而拒滿人爲後抗則抗白人爲要而抗滿人爲輕若見之未遠而徒逞漢滿之一鬨滿之未逐而中國已折而入於歐人之手此蚌鷸失策而漁人得利之故事也且以白人勢力之來之巨大我中國方謀統一以抵禦之不遑而先自分析之分則勢弱析則力薄其必爲白人之所吞噬無疑也夫十九世紀新興之國若德意志若意大利若日本孰非由分析而歸於統一者乎統一者順時勢分析者背時勢順時勢則興背時勢則

亡者也

且夫今之革命豈爭皇室哉以民主主義之皷盪於一世革命若成亦斷無能以一人而獨居天位者然則以一皇室誅之滿人而何害但求其能變法致中國於强盛而已

且夫我種族之人亦不必諱言即言革命豈是以言文明之革命哉亦殺戮耳掠奪耳擾害耳其屠滅我同種也與夫滿洲人之入中國屠滅我漢人者恐亦畧相等耳况乎所貴乎破壞者謂有建設之事之在其後也若破壞之而不能建設則無貴乎破壞而還問今之能破壞而能建設之者誰乎然則毋寧不破壞而圖和平之進步之爲得矣若慮人種之不同而未可立國乎則亦不盡然若奧匈者非雙頭之政治耶亦恃憲法以相聯絡而已凡國者固不必言民族國也言法制國可也

右之說與逐滿之言爲反對者也若今之號爲保皇派立憲派者是也

丙客者聞乙之說而大不爲然怒目裂眥而起曰夫立國而言民族則已不言民族。願滿人爲君而不願白人爲君此至不通之論也百思而不得其故者也夫白人之文明非過於滿洲人遠耶均之爲奴吾寧戴體面之主人翁矣且夫爲滿人所管領之土地與其爲白人所管領之土地其治理之必不能及白人可斷言之彼印度者於已爲英人所得以後與未爲英人所得以前則後者固已勝於前矣惟失者自主之權而已且夫白人雖暴蔑視異種或不以人理待然如今者滿人屠戮新黨之慘刑愁天地而黯日月彼白人者猶以爲過而動其不忍之心蓋不肯以屠戮獸類之道屠戮人類此則號爲文明國者尙不能不顧及人道而非若羅剎之滿洲政府比也又可以住租界者言之夫住租界者固已爲白人所管轄之地然而納巡捕捐者較之納釐金與納新名目之捐者何如耶對巡捕者較之對差役者又何如耶人固有願出內地而住於租界者然則滿洲政府權力所及之地固有大可玩味者在耶」顧或者曰中國而爲白人所有也恐中國人之不得爲官官者可以不學無能而享殊榮膺厚祿天下事爲之之易而得利之厚固無過於是者宜乎中國人之寤寐不能忘也雖然使中國而爲白人所有以吾土地之廣人民之衆而白人之與吾風俗不相同制度不相習言語不盡通性情不盡諳度必不能不委託中國人以本國治

本國而彼但總挈其要轄或且爲一方之藩服如今日蒙古之有王苗人之有土司否則或爲流官歸西人之所派遣棄其今日習八股八韻之工夫改而習愛皮西提亦可以得志於一時又何必患作官局面爲白人所攪散而視滿人以億萬年長有中國者哉

假而曰滿洲黃色人種也東洋人種也固與吾相近非若白人種之與吾殊異也然果以此言爲衡則黃色人種東洋人種者何止滿人日本人也西伯利亞人也中亞細亞人也西藏人也土耳其人也即所謂印度人也巫來由人也亦在亞州而與吾種類相近一旦入而爲吾之君而曰無不可者則胡不悉除種界而奉全地球人類爲一祖之說謂無論歐美孰非吾之同種而又何勞分黃白種爲

假而曰滿人者吾已奉之爲君彼白人者尙未爲我之君也顧若是直以一經服從爲定衡而不論其當服從不當服從也推此例則在滿人宇下者不可起而抗滿人在白人宇下者亦不可起而抗白人彼庚子之役京津間居民媚外人之醜態又豈得而議其非也何也彼固已服從也

假而曰滿人者。吾易脫其羈轄。若一爲白人所有。則恢復之日其難。以是不若戴滿人之爲得也。顧今日者彼滿人不以中國之產業日日割裂以奉彼白人乎。使長戴滿人而中國者亦非滿人之所有而爲白人之所有其不能恢復一也。故夫戴白人者奴隸也。滿人戴白人而我乃戴戴白人之滿人所謂奴隸之奴隸也。不願爲奴隸而願爲奴隸之奴隸則又何說之辭

故夫種不必別。而人盡可君。言之則何憂乎亡國。何憂乎瓜分。吾且閉吾之門高吾之枕安逸吾之心神悠游吾之日月而以待英人之來法人之來德人之來俄人之來美人之來日本人之來前

右之說無廉恥者也。無氣節者也。草投降表者也。揷順民旂者也。安所得而有此無人氣之言哉。雖然以視者乙之說。其相去固幾何也。以丙之說破乙之說。而乙直無辭。且試起而一視吾國人乎。其立丙說之旗下者。實已不知凡幾。然則丙說又何足以爲駭也。

若夫丁說則不然。丁之說曰。今之言維新者。其自立名義。以號召天下。固曰將拋苦

心洒熱血以救此潦倒晦冥之中國而扶之以立於强健光明之域也然夷攷其行則或存弋獵之心而欲飽其慾壑者也否則粉飾外觀以邀名譽者也即不然則又恣睢暴戾植其黨以排擊他人之黨怙其黨以吞滅他人之黨者也是故言獨立者已之獨立而非人之獨立也言自由者已之自由而非人之自由也若是者其結局徒日相爭奮吞并傾軋殘殺已耳又何有濟於事也

所號爲革命者又豈眞以扶義而起恢復祖宗之疆土於他人之手而復還之於一族之人或且今日成功而明日稱專制矣即不然而或貴族占領之矣即不然而又元勳門閥盤據之矣以少數壓多數不公道不平等之事或且變而益甚於吾民族果有何等之利益乎彼印度之始亦嘗言不得謂爲吾除蒙古朝而獨立矣然其後卒自相屠殺或且引外人以夷滅其同胞焉是可爲我種人之一借鏡也

夫一國之事未有不與其一國之之性質相肖者我國人之性質而果無鑄良之法乎吾恐今日者陷於奴隸之行苟其可以出奴隸之界限也而又將陷於盜賊之行夫奴隸之行不可爲也盜賊之行又豈可爲也

論說

右之說。其慮深。其思遠。雖然。不善用之則高尚主義厭世主義或將由之而成者也」以前四說綜國人而分配之孰欣孰厭何去何從此各視乎其人之性質與其入世之閱歷及其學問之造詣而分未能以强同也雖然欲算其立於四說之下人數之多寡則固有法以測之測之若何曰從甲之說可以殺頭從乙之說可以作官從丙之說可以睡覺從丁之說可以灰心夫殺頭者人之所惧而灰心者人之所不樂也惟作官與睡覺於人心最易投合故立於甲丁兩極端之下者必屬少數而立於乙丙之說之下者必屬國人之多數

噓嗟乎浮雲長沒英雄事芳草誰憐志士心精衛有恨豈眞大海能塡杞人多憂未有解人可索以是寫數千年古國其一族人之性情史可也後之覽者亦將有感於斯文。

學術

政法　歷史
實業　地理
哲理　傳記

江蘇

第五期目錄

總經售處　上海四馬路惠福里民權社

叙德俄英法條約所載「高權」及「管轄權」之評論因及「舟山條約」之感慨（續第二期）

芙峯

Article IV.

Her Britannica Majesty consents upon her part in case of the attack of an invader, to protect Chusan and its dependenciese, and restore it to the possession of China, as of old; but as this Stipulation proceeds from the friendly alliance between the two nations no pecuniary subsidies are to be due from the China on this account.

Article V.

Upon the receipt of the sign-manual of his Majesty the Emperor of China to these presents, it is agreed, on account of the distance which separates the two countries, that the Island of Chusan shall be immediately delwered over to the Chinese authorities, and on the ratification of the present convention by her Britanic Majesty, it shall be mutualy binding on the High contracting powers.

Done at Bocca Tigris, and signed and sealed by the Plenpotentiaries this 4th day of April, 1846. corresponding with the Chines date Taoukwang 26th year third moon ninth day.

大不列顛國及中國條約。一千八百四十六年四月四日。在蒲光鐵獅里斯(Bocca Tigris)調印。

大不列顛愛蘭合衆王國女皇陛下。中國皇帝陛下。兩國間。互相調和。決定一切之紛議。及保持親善之目的。特派全權委員如左。

大不列顚愛蘭合衆王國女王陛下。派香港殖民地、知事、兼司令長官男爵喬恩、弗來雪、士台維士氏。(John Francis Davis)

中國皇帝陛下派太子太傅、兩廣總督魁應（此係英文譯音原文尙須調查）氏。

右兩全權大臣。各領有全權委任狀。認上文所記之目的。是爲妥當良好協定決議之條欵如左。

第一條

中國皇帝陛下之一方。欲保兩國之平和。許外國人入廣東市內。保其安全。該地方官不得抑制。已明白宣言。凡在約期內。兩全權所訂之條欵。又得便宜施行。是已互相約諾矣。但在英國女皇陛下之一方。要求權利之事。並非退讓又放棄也。

第二條

英國臣民。自今以後。確依前條所定。居住於廣東市外附近之處。一千八百四十五年十一月二十日。由廣東地方官通知英國領事。英國臣民住居之地名。約容七十

戶人家在一定限界內保護其享有完全之自由但彼等於江之兩岸村落不存之處皆得任意散步

第三條

中國皇帝陛下之一方請求英國女皇陛下將駐紮舟山島之軍隊撤退協議既決但此島永不得讓渡他國是爲約束

第四條

英國女皇陛下之一方凡遇侵襲者之攻擊仍出而保護此島及其附屬地如舊可復爲中國之領有但此之約束出於兩國民間之友好同盟故雖以舟山之故而軍費補助金不要請求於中國也

第五條

因兩國距離之遠隔經中國皇帝陛下之親署而領收本條約後卽將舟山島交還於中國官吏之手經英國女皇陛下之批准而本條約者是爲兩締盟國相互約束之證

西歷一千八百四十六年四月四日中歷道光二十六年三月九日在蒲克鐵鏴里斯（Bocca Tigris）調印兩全權大臣蓋印、

（以上譯原本之大意）

一物也讓於甲讓於乙本隨所有者之自由然第二條曰、此島永不得讓渡他國。則所有者已失其自主權而占領之張本已伏於此矣附屬地而指明界地尙屬有限附屬地而不指明界址實爲無窮由理論推之似附屬地者不得廣於舟山本島也然而舟山附近之附屬地既可以保護爲名則附屬地外之附屬地更何不可以保護爲名所謂附屬地外之附屬地者則東西浙十一府皆可推而及之也故第四條曰仍出而保護此島及其附屬地非我族也而肯遠涉波濤爲之保護其意果何居也爲我保護而一切費用可不取我絲毫其意又何居也（第四條有曰軍費補助金不要請求於中國也）不知當時訂約諸公曾推敲及此否而國民之讀此約文者曾懸念及此否豈以約文中友好同盟一語而竟爲其所蒙蔽也乎德國占膠州灣而共認山東爲德之領土法國占廣州灣而共認廣西爲法之領土英國占舟山島有不認浙江爲英之領土乎我試質東西浙千數百萬同胞諸君誰其甘之顧覩於今日北京中央政府之委靡不振及浙江本省地方行政官之暗昧無知而又覩於西洋人取人土地之方法日以巧所謂由蠶食而狼吞者（政法學報第二期載有蠶食圖狼吞圖頗足警醒閱者試一取讀可也）恐爲人領土之時期正在眉睫間也」當割棄之時而謀補救即如光緒十九年割棄臺灣之役立一伯里璽天德而出於一戰則足多矣其如無補於滅亡何天下事出於臨渴掘井者必無濟要當措置於機先綢繆於未雨嗚呼今日何日瞬息千金耳

愼毋謂政府不護衛吾民無可如何也吾試縮小以論之譬如盜賊蠭起地方官耳目不及紳商士庶羣策合力有自立團練以防衛者此非今日吾國通行之例乎今西洋人之侵入者猶盜賊也政府之不護衛者猶地方官之耳目不周也吾人民謀自衛猶是羣策合力自立團練以防衛之意耳

寶貴乎政府者以其能保護我之生命財產也今既不但不能保護我之生命財產

并欲以我之生命財產授送異族試思政府何人非猶是具四肢五官者乎何爲彼得享有如許之權利!!!吾人民其思之思之!!!夫政府之權利不得偏重也不獨歐洲學者若孟德斯鳩若伯倫知里諸氏所宣言之也即吾中國大儒若孟子者亦早明表之矣曰君之視臣如手足則臣視君如腹心君之視臣如犬馬則臣視君如路人君之視臣如土芥則臣視君如仇讐中西大儒論旨畧同吾人何不尊循先儒之格言而掃除末流之污染也

抑人孰無競爭之心乎天下最足競爭者權利爾歐洲人民之權利已戰勝於十八世紀日本人民之權利亦已戰勝於明治維新之初獨我中原大陸人民之權利猶沉淪未起苟使自今以往葬於歐洲異族之下恐如落泥犁而不能望輪廻者矣嗚呼同胞諸君!!!其亦及時而起乎!!!其亦及時而起乎!!!有千百利於政府而無一害者也至誠至忠莫過是矣奉其正朔納其賦稅何不蹝之有

昔日本幕府時代而於 洲各國訂約亦事事受虧人民憤國權之日失痛政府之無能往往有奔走演說痛告天下之志士於是各府縣皆立會有要求於政府者有

謀自組織者玆錄岡山縣志士當日警告同縣人士之檄文如左。（按日本有縣無省。故彼所謂縣者。猶是我所謂省也。）其題曰。

敬告同胞兄弟

嗚呼、我同胞三千五百有餘萬之兄弟!!!‖嗚呼我同胞三千五百有餘萬之兄弟!!!‖仰望芙蓉峯之高俯瞰琵琶湖之深山川之秀美邦土之可愛顧我同胞三千五百有餘萬之兄弟!!!‖僅飲食棲息於此耶抑亦瞻彼歐美民權之伸暢國權之擴張而念及我日本之民權如何國權如何而不堪回首耶故山明水秀不足以增我心之愉快景物清華不足慰我情於怡悅常覺憂鬱塞胸懷悲憤貫心肝思之思之不禁潸然淚下也嗚呼、我同胞三千五百有餘萬之兄弟!!!‖兄弟之心情何如也耶

今者外國人逞其鴟梟之慾我輩人民中往往畏之不敢近如鵷雀如兒童而卑屈之狀尤如奴隸改正條約之事件尤未得彼等之承諾我國獨立之體面何存夫國家者活機也非一手一足之力所能左右也我同胞三千五百有餘

萬之兄弟!!!‖各自知爲國家之一分子而奮起精神終始貫徹則天險可破金石可碎也故集衆智策衆力奏請國會在政府自有不得相左之勢國會開民權始伸暢民權既伸暢何致國權之不擴張亦何憂外人之跳梁也嗚呼國會開設之時期至矣今者時不可晚機不可失苟失此機會則智者無所施其智勇者無所施其勇我輩之生命財產終受制於他人之手又何事可爲故我輩奏請國會之大願當如飲者之求食渴者之求飲而不容自已者也

回憶明治初年五條之御誓文同八年四月十四日之聖詔出於叡聖文武皇帝陛下之美德千載之下光輝青史赫赫在人耳目無待吾輩人民之讚頌也但當時吾輩人民拜得聖詔之瑩方以開設國會之期於今不遠乃引領翹望杳無消息久而久之終未見美舉之實行固早知政府之粉飾虛與而望之實踐力行者不啻望瞽者之能明跛者之能趨不啻欲梯浮雲而登九天之高也雖然、國會者本係我輩人民痛癢休戚死生存亡之所關乃舉而望諸政府作僥倖於萬一之想抑亦迂遠疎濶之甚者矣是則我岡山縣下兩備作、三國三

學術

十一郡。一區。一千七百七十一村。一百六町。之有志者。宜自反自省自罪自悔奮發興起以達開設國會之志而不遑焉福岡縣下之有志者已開共愛公衆會結合縣下之人民不日以開設國會之事建議於政府是實洞察氣運情勢之所歸而以公益之事提倡自任者也嗚呼、事體重大關係公衆豈任福岡縣有志者之獨任仔肩豈讓福岡縣有志者之獨占美譽我五畿、八道、三府、三十五縣、三千五百有餘萬之同胞兄弟!!!‖詎非同感同情嗚呼、我同胞三千五百有餘萬之兄弟!!!‖杲眞同感同情羣策羣力貫達此志俾民權之伸暢國權之擴張光耀我三島豈非曠世稀有之榮耶嗚呼仰望芙蓉峯之高俯瞰琵琶湖之深風光之秀麗邦土之富饒孰過於斯幸毋敝屣好湖山坐付他人嗚呼、善哉愛國之精神美哉獨立之氣象吾同胞三千五百有餘萬之兄弟!!!其勉之乎其聯袂而起乎

明治十二年十二月二十九日

岡山縣兩備作三國有志人民

欲治外交先脩內治此不易之理也故岡山縣之有志者欲圖國權之擴張先圖國會之開設欲圖國會之開設先求同志之團體蓋以公共事業斷非一足一手所能成也必羣策羣力方能就緒此又不易之理也故吾欲保舟山島之治安不可不先圖浙江內政之完密欲圖浙江內政之完密不可不先圖浙江有志者之結合然使我驟語東西浙千數百萬同胞如岡山縣之有志者號召天下與設國會周知吾東西浙千數百萬同胞有退讓勿遑也者姑弗語此吾敢以省會府會縣會市會鎮會村會等以語東西浙千數百萬同胞此即日本所謂府縣會及市町村會是也吾聞暑假歸國來自桑梓之諸君者曰青年游蕩子弟失業是無學校故也盜竊縱橫無賴流行是無警察故也瘟疫流行無人不病是無衛生組合故也店舖日閉富者漸貧是無金融機關故也信息澀滯耳目壅蔽是無交通機關故也

曰學校曰警察曰衛生組合曰金融機關曰交通機關凡此一切事業在省則納諸於省會在府縣則納諸於府縣會在市鎮村則納諸於市鎮村會嗚呼人誰樂使青年游蕩子弟失教者乎人誰樂使盜竊縱橫無賴流行者乎人誰樂使瘟疫流行無

人不病者乎人誰樂使店鋪日閉富者漸貧者乎人誰樂使信息澀滯耳目壅蔽者乎則何不早建省會府縣會市鎮村會而使以上諸弊端得以盡祛之也吾國士大夫挾巨資來東視察教育者已指不勝屈矣自大學以逮小學校幼稚園莫不參觀備至歸國卒無所表見不謂經費無着即謂措置無方愚莫愚於此者矣今而後敢正告士大夫之東遊者曰『不如調查府縣會及市町村會之組織之制度歸國後不獨立學校有方即其他若交通　金融　衛生　警察等事業亦莫不建設有具也』吾知諸公驟聞吾語有驚其誕妄而不實者吾請述其故曰日本之所謂縣者猶吾國之所謂省也吾一省之中諸事未有能舉者無他無組織與方法故也彼一縣之內諸事畢舉者無他有組織有方法故也而其組織與方法之條規皆議決於府縣會及市町村會且彼一縣之收入欵項非必超過於吾一省之收入欵項惟彼則生殖有方節制有道分配於學校警察衛生交通諸事業者

在府縣則謀諸於府縣在市町村則謀諸於市町村會而所謂府縣會市町村會者又幾經學理上之研究幾經閱歷上之推求而成者也故曰調查其府縣會及市町村會之組織之制度則諸種事業之設施操之有具者矣

吾更不憚重複欲摘岡山縣有志者檄文中數則以申儆於東西浙千數百萬同胞一則曰、僅飲食棲息於此耶抑亦瞻彼歐美日本民權之伸暢國權之擴張而念及吾中原之民權如何國權如何而不堪回首耶再則曰、國家者活機也非一手一足之力所能左右之也我東西浙千數百萬之同胞兄弟姊妹!!! 各自知為國家之一分子而奮起精神終始貫徹則天險可破金石可碎也故集衆智策衆力組織省會府縣會、市鎮村會在政府自有不得相左之勢省會、府縣會、市鎮村會開而民權始伸暢民權既伸暢何致國權之不擴張亦何憂外人之跳梁也三則曰、省會、府縣會、市鎮村會者本係我輩人民痛癢休戚死生存亡之所關苟舉而望諸政府作僥倖於萬一之想不啻望瞽者之能明跛者之能趨更不啻欲梯浮雲而登九天之高也是則我東西浙千數百萬之同胞兄弟姊妹!!! 宜自反自省自罪自悔奮發興起以達開設省會、府縣會、市鎮村會、之志願當如飢者之求食渴者之求飲而不容自己者也四則曰、宜結合東西浙千數百萬之同胞兄弟姊妹!!!商議省會府縣會、市鎮村會之事是實洞察氣運情勢之所歸而以公益之事提倡自任者也五則曰吾尤願東西浙之文人學士本號泣同胞警醒天下之義或撰爲詩歌或倣岡山縣之檄文刊印成册如陰隲文感應篇之隨處分送尤願郵送此間同鄉會（請由杭州萬安橋西白話報館轉寄）以便刊登本誌佈告於世臨風禱叩無任企待

雖然當庚子義和團之亂長江不保之信謠傳內地吾聞杭州有某甲者其親戚皆浙中之巨室也乃結伴作避地於日本之計作書託前浙江留學生監督某丙相地於東京神戶間詎知丙以此事商諸在東留學生某丁而丁頗不爲然於是丙亦不謂然答書致甲曉以大義故某甲避東之役遂不果也顧不僅某甲然又有某乙者亦嘉興之顯紳也挈其眷屬避於長崎若某甲某乙者吾固不怪其國家觀念之薄吾轉喜其保全生命財產之念之深也所誤者不思保生命財產於無事裕餘之時而思保生命財產於臨難不及之日其謬一不思聯合同省之人以自衛而思託命

於外人其謬二竊敢告若甲若乙之巨室顯紳者曰。以吾國如是之衰弱不振以列國如彼之貪慾無厭安免於兵甲午之亂庚子之難皆在北方將來之亂必逮東南浙江詎能免乎故有識者早知禍在眉睫間而燕雀處堂之喻已聒聒不休矣苟使乘今日間暇之時無論巨室無論顯紳羣策羣力以謀省會府縣會市鎭村會之組織由此而建設種種新事業及新機關養成一省自立之資格俾外人無從置喙也此爲上策否則以浙江非樂土而適楚適秦亦早卜於今日間暇之時毋似若甲若乙者臨難而逃爲民先去徒使人心惶惑地方不靖也非亦以巨室顯紳者爲一省之人民所仰望也乎

雖然、觀於溫州永嘉縣。而嘆東西浙山川鍾毓之奇氣。未嘗不留於今日也。蓋聞永嘉縣內。如遇地方官有悖謬過甚者。縣之人能同心一德而使之去其位如遇人民蒙冤妄之咎於官吏者縣之人能同心一德而使之雪其冤偉哉勇敢之氣象美哉共同之性質誠不讓於歐洲國民之斯畢力脫 Spirit 日本國民之大和魂也吾願永嘉縣人士。不局囿於一隅當推暨於四方務使此勇敢之氣象共同之性質充塞

磅礴於十一府七十二州縣則何堅不摧何朽不拉誠不能不引領於永嘉人士也馨香禱祝日暮期之

雖然、以上所說猶僅對浙江一省人士言之耳若東三省事件者實我四萬萬同胞!!!——所關係也然則東三省者乃我四萬萬同胞之東三省決非日本人之東三省也由今日之現形觀之乃我四萬萬同胞!!!——反將切膚相關之東三省付諸不論不議之列彼日本人者上自公卿下至厮牧三五密議者有之合群討論者有之民間志士尤設對俄同志會總部於東京遍設對俄同志會支部於各地方鼓動民情振作士氣殊覺發皇蹈厲而吾則於學生軍之解散無一處能繼之者嗟乎嗟乎

曩者吾政府諸公以東三省事件之故。一方則受俄羅斯公使之要求無厭一方則受英國公使、美國公使、日本公使之警告不已左支右絀應對爲苦既而日政府與俄政府開直接談判而吾政府諸公纔得一時之天君泰然耳根清淨靜俟兩邦談判之結局方慶太平無事詎知俄人狡猾百出對於日政府之談判未了對於吾政府又提起要求而日本公使又警告要求之不可承諾再告三告而不止且英公使

繼之於是我政府諸公左支右絀應對爲苦之狀倍於前云

日俄談判之結局。有曰終必開戰。有曰終至滿韓交換。嗚呼、滿洲者中國人之滿洲也韓國者朝鮮人之韓國也胡爲交換之說出於日俄人之口交換之權操於日俄人之手豈非異乎願我四萬萬同胞聞滿韓交換四字而沉吟深之

滿韓交換者何俄人則指定滿洲日人則指定韓國俄人若曰我經營滿洲日人毋顧問我也日人若曰我經營韓國俄人毋顧問我也迨斯時也英國德國法國豈能袖手旁觀而不援俄日之例乎勢必至英國亦指定若干地德國亦指定若干地法國亦指定若干地而豆剖瓜分之局詎非朝夕可定者乎我四萬萬同胞之生命財產奚啻葬於薄冰懸於深淵猶不足以喩其危險者也

因論舟山條約。而不覺及於浙江之內治。因論浙江之內治。而不覺及於東三省之關係全局。語多龐雜。文不成體吾安得牽吾東西浙千數百萬同胞之袂曰、而勿忘舟山條約之禍媒更安得掎吾四萬萬同胞之耳曰、而勿忘東三省事件之大危

（完結）

學術

日本銀行事業之概畧

烈客

國民生計之進退視金融之通塞以爲斷金融之通塞視全國銀行之多寡及其資本之盈絀以爲斷泰西不暇證請證日本日本維新以前二三兩替店如中國之錢鋪然無所謂銀行也其滙兌等機關較之我國之錢鋪爲尤滯明治初年始有設立銀行之議三年前總理大臣伊藤侯赴美調查銀行事宜至美後詢問財政知公債爲金融（言金銀之融通也）中必不可少之物祇以風氣未開無從下手徒於公函中時贊揚之時澁澤男爲大藏丞（按當我國之戶部司員）獲伊藤侯所寄之美國國民銀行條例一册細加玩索即有發布國立銀行條例之意明年伊藤返國主倣美洲刱立國立銀行會明治四年適有廢藩建縣之舉政府向有太政官札諸藩又有藩債金札（如前明之鈔票然）民

間幣制錯雜殊形不便至是擬由中央政府發公債券以易之即名此公債券爲金札引換公債夫以鈔票易鈔票名異實同當此諸藩初廢民心未定之際金札引換公債券殊難通用理勢然也無已欲招商設立國立銀行使國立銀行先以資本十分之六向政府易取金札引換公債券年付息六釐復令將金札引換公債券質之政府其息仿償之銀行　由政府授以國立銀行兌換紙幣使爲運用其餘四成則以現銀存之銀行以備有持國立銀行兌換紙幣以兌現銀者由銀行照兌以期民間信用故名此樣紙幣爲兌換券蓋其意一面欲金札引換公債之不換券漸漸歸入政府一面欲民間相習後以此券爲可恃不汲汲向國立銀行兌換現銀庶於政府之金融得以周轉而不換券可漸漸實行兌換也議既定遂於五年春頒行國立銀行條例於全國六年、有第一國立銀行稟請開辦爲日本全國銀行之嚆矢迨國立銀行設立後政府所希冀於民間者民間竟不之應至第一國立銀行所領取之兌換券百五十萬元能流通於市面者僅三五萬餘則皆高閣於金庫中而每日持券兌銀者尚絡繹不絕第一國立銀行大爲所窘久之不復能支乃由該行之總經理向大藏省往商更正國立銀行條例將國立銀行兌換券定爲祇能向該行兌取政府所發之不換券而不能兌實之銀兩斯例一設銷滅金札引換公債之本意盡失矣然第一國立銀行賴以不閉六年廢藩士之世祿給與秩祿公債七年廢華士族世之祿給與金祿公債法以八年間之秩俸爲本制成債券給與士族按年領息不另給俸斯時之公債票據充溢全國彼全國之紈袴向無職業今惟藉微息以謀生世胄之家不敷食用難免不將債券隨時售賣以取快一時者夫取快一時後難爲活作奸犯科遺國大患在所不免即不然而求售者衆價必大減各世祿家亦難保無譁然鼓噪起不願領受債券之舉政府於發給祿債之時固已隱憂於此因密諭各地方官勸令有祿債券者可將各祿債券股開銀行其法以所有之債券質之政府由政府如數給與紙幣以作銀行資本至公債年息仍照例給與本人庶所厚而債券不致濫售世胄亦不致大譁衆情翕然未及三載國立銀行遂增至百五十三所至政府所給之紙幣雖有兌換之名無兌換之實流行本覺其難以全國百五十三銀行其所持以交易者無非此樣紙幣故此往彼來毫無阻滯銀行既用之不疑民間亦

遂相流通惟此樣紙幣祇能行之國內外國商人固不能以之通融此當時政府所以諄勸各商設立銀行必在離商埠較遠處所職是故也查是時日本金銀輸出於外洋者亦屬不少然於極貧極弱之時能令全國金融頓裕且使革去歷久世祿者皆國立銀行之功也故以祿債劵設立國立銀行實爲明治維新中一最善最便之舉惟是金銀外輸紙幣內溢日久必困識者憂之先時伊藤侯主倣美制設立國立銀行之時有謂銀行制度非仿照英國流通兌換銀劵不可者至是主張英制之說益衆當時之政府不換紙幣頒行既夥一時又無收回銷滅之法正在籌措之際主張英制者乘機而起遂有設立中央銀行之議久之附和益衆設立銀行之議遂決查日本銀行資金取之於商監督授之於官爲日本之中央銀行亦即爲銷滅政府紙幣發行兌換銀行紙幣之總機關明治十五年六月、頒布日本銀行條例凡二十五條其首條曰日本銀行係有限責任凡爲償還日本銀行之債務起見責義務於股東者各股東之負擔當祇以股本爲限八條曰營業上生有損失於實收之資金已減若干當審明事由將未收之資金中照已耗之金額追募塡充十條曰自純盒總額中。減去股息外。所有殘額。至少以十分之一爲限。當存爲積定金。以備左開二項之用。(一)補資金之損(二)補股息之不足十一條曰日本銀行所營之業如左。(一)將政府所發之期票滙票及商業上之票據等行貼現價買之事(二)買賣金銀塊之事(三)以金銀貨或金銀塊作抵酌爲給貸之事(四)代締有特約互相交易之各公司銀行暨商人等代爲滙劃票金之事(五)存款以及代爲保管存儲金銀貨珍貴品暨各種票據之事(六)凡以公債劵政府票據與政府所保證之一切票據等作抵者得以酌行借貸作爲流水交易及常期借貸之事弟其金額之多寡利息之厚薄俱當由正副總裁理事監事等隨時協議申請大藏大臣認可十二條曰日本銀行除第十一條所載之事業外。以下所開各項以及他種事業。俱不任意關涉。(一)不得以田地房產及銀行股票與各公司股票作抵貸金於人(二)不得對本行之股票任情作貸幷不得買收本行股票(三)本行不得充各種工業公司之股東幷無論直接間接俱不得與各種工生有關係(四)除開設本店分店之出張所時應行置買房產外其他之各種田地房產俱不得由銀行買回自行作爲產主十七條曰日本銀行置總裁一員副總裁一員理事四員綜理一切事務外可另置監督四員或五員焉二十條曰總裁於每半期中當招集股東開通常股東總會一次以上七條除第十一條中之第六項外餘與普通銀行無甚懸殊固渾然一普通商業銀行也然其第二條中有日本銀行除東京設立本店各府縣之都市設立分店或出張所外遇有欲與他種銀行締結交易特約及設立出張所之時得以直命日本銀行相地設置之語第六條曰日本銀行股東當經大藏卿許可後方得作准第十八條曰總裁副總裁俱以五箇年爲一任又總裁當降勅任用副總裁則由奏請任用而皆不得以任中兼任他職第十九條曰理事選於股東總會由大藏大臣任命之每任四年監事則選於股東總會而以三年爲一任云又理事監事任中俱不得兼任他樣銀行公司之職二十一條曰大藏卿當將派監理官駐剳日本銀行監理一切事務二十二條曰日本銀行於各地分店出張所及一切特約之營業處所所有隨時之經營狀況至少以一月爲限當具報於大藏卿一次以上五條爲日本銀行直受官家監督處所亦即爲日本銀行與官家權限分任之所其第五條曰日本銀行股票用記名式不得

於日本人以外。互相買賣。第十三條曰視政府之便利。得以直命日本銀行。經理國庫欵項。以上三條爲日本銀行異於他種銀行之處。至據十四十五兩條日本銀行得以發行即日銀票與銀行兌換紙幣是爲日本銀行特權非他様銀行所得企及。又查日本銀行當明治十五年剏立之始資本金僅千萬元分五萬股每股資金二百元嗣於明治二十八年八月十七日日本銀行股東大會議決後呈經政府許可。加資本爲十五萬股合金三千萬元又明治二十一年七月三十一日第五十九號勅令改正兌換銀行紙幣條例第二條日本銀行當照發行之兌換銀行紙幣準備金銀貨幣及金銀塊於行中以便他人持紙幣向兌又於三十年三月法律第十八號改爲準備兌換銀行紙幣之金額中不得將銀幣及金銀塊過於總額四分之一。又三十一年七月三十一日勅令第五十九號二十三年五月十六日勅令第三十四號日本銀行照前項於備有實在金銀發行兌換銀行紙幣外准其將公債券、大藏省證券、及他種確實票據與商業期票等向大藏省作抵增發兌換銀行紙幣八千五百萬元第此八千五百萬元中以二千七百萬元爲銷滅明治二十年一月一日以來政府所發行之國立銀行紙幣額。仍不准將增發銀行兌換紙幣額。過於八千五百萬元之數。二十一年七月三十一日。勅令日本銀行見有市面緊急。不得不增加流通貨幣之時。准其呈經大藏大臣許可後。於前二項發行之兌換銀行紙幣外。另將政府發行之公債票、大藏省證券、及他種之確實票據、與商業期票等作保。增發兌換銀行紙幣若干。仍令照增發之額。由大藏大臣隨時議定稅則。遵則完納發行稅餉。第所徵之稅。每年不得百分之五。明治三十二年二月九日法律第五十六號。日本銀行據兌換銀行紙幣條例第二條第二項。以相當之保證發行者。其發行之紙幣額。當以每月平均之數爲準。每年按萬分之百二十五納稅。其遵照政府之特命而發行者。貸出時或以長年千分之十計利。或利息不及千分之十。或全不收利。出貸於政府及其他處之欵。准其於增發額中。照實數控除。以免納稅義務。又按日本銀行定欵第九十條。日本銀行每日應將兌換銀行紙幣之發行數交換數及準備金之增減數等製成出納日表。以翌日午前十下鐘爲限。申之於大藏省。每一星期應將該星期中之發行數。製成平均發行表。以下星期之第三日爲限。申之於大藏省。並將該星期之平均發行表。登於本日刊行之官報中。以廣爲宣告。此日本銀行發行兌銀行紙幣之大較也。至製造紙幣由大藏大臣製成圖式發交日本銀行。轉交官立造幣局印刷。製成後將所造之數。及造成之式與發行期日等。申請大藏省。揭示曉諭。一切費用則由日本銀行負担。凡發行兌換及檢查贋僞兌換破損紙幣等各種方法與辦理之順序。俱由大藏大臣酌定後。知照日本銀行遵行。此經理兌換銀行紙幣之大較也。今按日本銀行無論官款商款。凡存儲於行中者。俱無絲毫之利。至出貸之款項。商則計利者爲多。政府所借與受有政府特命者。或無利出貸。亦時有之。至其中之事務。分經營生業經理國庫兩大部。其經理國課部中。分收納營業稅地租政府票據公債大藏省證券與一切政府作證之票據等課。經營生業部中。分滙票（有內國滙票外國滙票二種）貼現（內國票外國票二種）存款交易零星存款貸借抵質滙劃保管存儲出納現金等課。內則有大金庫一。分儲藏金銀銅紙等幣。爲四所。周以鐵軌。制極堅固。另有會所一。供銀行總會之用。貨幣標本場一。陳列內外各國之古今貨幣。而於我國之寶銀。爲尤詳。有檢查紙幣所一。檢查破裂汙穢之各種紙幣。用機器穿穴後。另有査號所。將穿穴之舊紙幣。査對根簿。復令校對者閱無訛。後方集數呈請大藏大臣臨行督燬其鄭重有如此者茲據昨年年終報告日本銀行剏立以來。僅廿年有奇。而其年中出納至百四十一億一千三百二十八萬餘元。發行紙幣十九億三百二十四萬餘。執事五百九十八員分店及出張所各四代理店二百七十三所。其能握全國之財權而無微不至者非經營之完備不克臻此也」顧日本行銀行爲日本全國國中之金融總機關至對外國之金融機關則非日本銀行所能兼也而於是有正金銀行之設焉査横濱正金銀行剏自明治十三年集資六萬股每股百元合金六百萬元嗣於廿年七月頒布横濱正金銀行條例以該行爲有限股分公司可直受大藏省監督與日本銀行同惟日本銀行之正副總裁由勅奏任命正金銀行則總經理一員經理員五員以上。隨時酌定俱由股東總會時公擧。弟於擧定後。禀請大藏大臣認可耳。其任期以一年爲限遇有經理違背條例及定欵之時大藏大臣得以下令改選。且遇有緊要之時。大藏大臣得以命日本銀行副總裁兼任正金銀行總經理之職。至總經理與經理人之一切職權。詳載定欵不得踰越。故其組織較日本銀行爲嚴至其營業查正金銀行條例第七條第一項曰。滙劃外國欵項及其三聯單事。第二項曰滙劃內國欵項及其三聯單事。第三項曰貸借之事第四項曰各種存欵及保護存儲之事第五項曰將滙票期票及各種票據貼現與代行收取現銀之事第六項曰交換貨幣之事據此以滙劃外國欵項爲首項則營業之主旨所在已可槪見至不得以田地房屋作抵不得以正金銀行股票讓與外人與日本銀行絕無稍異惟發行紙幣與發行銀即銀票爲日本銀行特有之權利雖正金銀行不得稍假今我國上海天津等埠曾有正金鈔票而不知此等鈔票在彼國中萬不能行且正金銀行以此種鈔票發行於我國商埠雖亦經彼國領事認可而照其國中法律言之不過爲一種取携方便之票據耳不得謂之紙幣也何則紙幣爲國家特權發行之物必照國家幣制頒發今正金銀行所行之鈔票製造爲日本人貨幣爲墨貨幣爲墨西哥銀圓（非日本貨幣）流通在中國界內無論世界何國從未有此等貨幣者（滙豐華俄等所行之鈔票皆是）有之則一種即日銀票耳顧即日銀票在英國有一種即日銀票之銀行爲英國國家所准其發行即日銀票者舍此即即日銀票各銀行亦不能擅自發行以銀行而有發即日銀票之權則雖無毫釐資本亦能開市交易徒手經商難保無倒閉欺哄之弊此銀行之所以異於錢舖與至正金銀行之資於奉有條例之前當明治二十年三月經股東總會決議呈經大藏大臣許可。增募六萬股合舊資共一千二百萬元云。

又按日本自明治五年發布國立銀行條例後至九年國立銀行增至百五十三所、嗣於明治十五年刱立日本銀行。又數年頒行國立銀行處分法。令全國國立銀行滿期後。俱改爲私立股份公司銀行。二十三年二月定國立銀行紙幣通用期限以明治三十年十二月九日爲限。限後不得通行。又按各私立銀行。當開張之始。俱須以資本金之若干成。存之日本銀行。向日本銀行支取兌換銀行紙幣若干。攜歸應用。其餘則作爲該私立銀行存於日本銀行之存款。凡國中之滙劃等各銀行。皆由日本銀行分劃。而日本銀行即將應行劃增劃減之數。向各銀行之存款項下撥還。日本銀行之兌換銀行紙幣得以流通於此亦未始無裨焉二十三年八月頒行普通銀行條例、及儲蓄銀行條例。二十九年四月頒行日本勸業銀行條例。及農工銀行法。三十年三月頒行臺灣銀行法。三十二年三月頒行北海道拓殖銀行法。至於今、其全國中之普通銀行凡八百二十八所。分行二百八十三所。又兼業銀行二十二所。分行五所。合計一千一百三十八所。若各種特別銀行除儲蓄銀行百零七所外。餘俱未詳。而其金融之發達可以知矣

學術

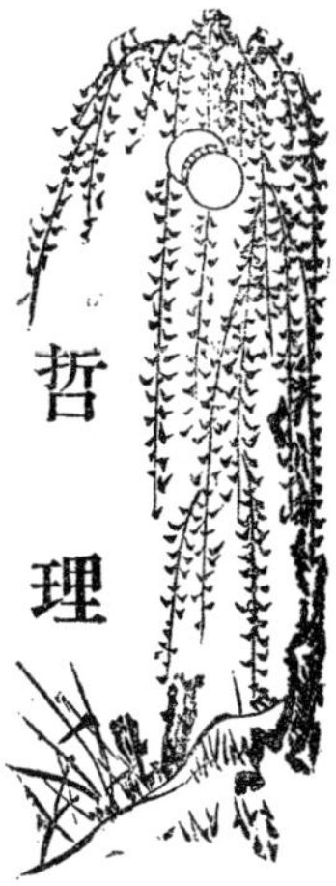

希臘古代哲學史概論（續第五期）

公猛

第二　意大利學派

意大利學派又名畢達哥拉士學派伊阿尼亞人對外界之美而易於感動故其所究研自傾於外界之現象而爲物理上之說明今日之物理學其濫觴也意利人爲獨利亞人種其運思也常在於抽象的事上有千古不移之大法在其中者以故畢達哥拉士學派爲今日道德及宗教所由始

畢達哥拉士 Tythagoras (582 B,C—500 B,C)

氏爲亞伊阿耶羣島中曬厤士人也博學多智長於天學及數學爲西歐近日言天言數之祖然其傳記怪誕支離多不可信或說氏常遊希臘、埃及、腓尼西亞、亞比剌亞、等國受埃及僧侶之敎爲不誣云其設敎也結盟社似敎會特其組織隱秘嚴密迹涉猜嫌故時人多忌之於道德上格守嚴恪主義財產共有不許食間帶妻又設種種戒律以範圍之以不得人民之同意發憤去苦羅多放浪異鄉而沒

氏以爲宇宙自『數』而成數始於一由一成萬遂有奇偶奇數有定偶數無定天地萬物皆由此一定一不定即一奇一偶參互錯綜兼流並時而成者也吾人之能知物由於物有數及比例之故而吾人精神之組織亦與宇宙同其源而爲數所成者以故萬化之源寔惟此數而一又爲數之本數之文云

氏既以定不定之對峙爲貫通萬物之本根由此遂生世界種種之對峙約而言之厥有十種(一)定不定(二)奇偶(三)一多(四)左右(五)男女(六)動靜(七)曲直(八)明暗(九)善惡(十)方形長方形以此種種對峙演成世界畢氏之學說如此較之從前學者其眼光所注更上一層矣

宗敎及道德上氏之意見　氏深信宇宙間有一神焉位於最高點以指揮宇宙自有始以來至於末刦永遠存在永遠繼續者也肉體與靈魂本相對峙得數以爲之

結合深以輪廻之說爲不謬

氏於道德上以未來之賞罰爲目的以敬神守法愛國信友至誠中庸誕登彼岸爲依歸雖其施教不立一定之原理然以數爲主崇正義論報償開科學研究之端緒要於此乎基之

繼氏而唱其說者爲西派廲氏愛披沙氏等柏拉圖雖祖述蘇格拉底然私淑於氏之學說要亦不尠也

較之伊阿尼亞學派則彼採演繹法而此用歸納法彼以形而下可見之物爲萬有之元此以形而上抽象之數爲萬化之本其缺點所在旣謂世界萬物由奇偶明暗等對峙而成然其對峙果何若以何因緣而此種種對峙樊然雜陣欲求統一而說明其本源基礎之所在則有埃黎亞學派在因此派之所進步也

第三　埃黎亞學派

此派以所住地得名在南伊大利而爲希臘之殖民地其學說有敷迹畢派之痕或謂卽畢派非無故也然其闡明寔體惟一不二平等一如之理要非畢派所能及此

學術

派開祖。雖爲芝諸芬尼氏。然發輝而光大之。則巴彌匿智之功也。繼巴氏而起者。爲隋那氏美麗灑氏等

芝諸芬尼 (Xenophanes 570—B,C—498 B,C)

氏生於小亞西亞。及長。移居於南伊大利。教授學生。或謂氏寔亞諾芝曼德之門人。然不可考矣。

氏反對於當時之宗教。以謂神者決不具人之形性。若具人之形性。其數不可不多。然神者獨一無二。至尊無對者也。其不具人之形性亦明矣。

據亞里士多德之言。氏以統一爲主義。而唱者神者唯一。唯一者神也之說。然神果何若。唯一果何若。不可無明確之解釋。

於是巴彌匿智起而講明之。

巴彌匿智 Parmenides (515 B,C……)

氏爲埃黎亞學派中智德俊秀之人也。希臘之俚諺。如巴彌匿智。蓋以表智德卓絕之代名詞也。

氏代巴氏之神以『有』其說曰世界唯『有』而已非有者無又不可考意蓋謂有之外無物有之反對非有不僅無可有之理且無可攷之事據在也氏又解釋有曰有之爲物恒久不變無始無終而常現在既非曾有又非將有以曾有之有非有將有之有亦非有也有又不生若有生是即爲有若爲非有不能生有有之始生要不可見有又不滅若有滅時即爲非有然而非有有不能變有之滅日要不可知有又不可分割若可分割則入於彼此之中者必仍爲有若爲非有必然不能入手有中以爲分解有又不變不動平等一如諸差別相有皆無之以有之外無有一物可使之有也然非如亞諾所謂亞擺羅若無定限者本體充盈自在圓滿無依乎此無待於彼若無定限尚未圓滿有與思想又無差別若爲無有不能思想若有思想即想即有入思想中搆成思想除有之外幷無一物約而言之則有之爲物無始無終不生不滅不可分割永不變動平等一如自在圓滿而寔現於思想界外此並無一物者也其所說精闢奧賾自在完了希臘上代抽象的思想不可不謂於氏大著其進步矣

是後其弟子隋那氏又用辯證法攻擊反對者之論旨而發見其必不可通之點導詭辯學派之先路美麗灑氏又以爲感覺上之事爲不可信以作懷疑派之先聲。此派發見原理於宇宙萬有之上。確立一元論之基礎。否斥萬有之成立。以感覺上之事爲不可信於希臘後日哲學之發達。固大有關係者也。然偏於主觀。僻於想像。要亦有所不免。且萬有與一元之關係如何。何故迷罔之現象入於吾人之感覺上。不就此細爲說明。此其所以成物理學派之反對也。

斷崖千仞碧　下有寒泉落
道人揮絲桐　清風轉寥廓
飄飄襟袂舉　冰紈不禁薄
紫煙護丹霞　雙舞天外鶴

最近二世紀大勢變遷史（續第六期）

大陸之民

二十世紀之小影

夫十八世紀之末十九世紀之初則世界國民均注眼於內十九世紀之末二十世紀之初則世界國民均注眼于外故社會主義結果時是世界政策吐葩時也實行世界政策之唯一無二關鍵秘訣工商業海運業殖民業是也墺國外務大臣哥敎司克氏曰十六十七二世紀爲宗敎爭亂時代十八世紀爲自由主義勝利時代十九世紀爲民族主義時代二十世紀則縮萬國若比隣登黃白于一堂水陸並進奇正兼備世界大競爭之時代也旨哉言乎斯誠眼光如炬者矣

吾何以證之不觀夫德意志乎觀其地圖者見其一方則隣于怨毒鬱結之法墺一方則隣于虎狼之俄羅斯故其立國手段惟軍事擴張爲世界冠然其他方面則常

學術

注眼于二十世紀世界之大勢徒知講民族主義不可以立國機鋒一轉乃奬勵其工商業膨脹其海運業發達其殖民業以取世界政策之方針其結果遂至富强幾爲世界冠焉若美利堅彼非素稱不侵人尺寸土以孟魯主義立國者乎今則一舉而併布哇再舉而合非立賓彼固非以貪版圖充瀾爲事也蓋豫知二十世紀爲工商業之中心点在太平洋及支那之沿岸而先造其根據地也若英國則數百年來所執之自由貿易主義今則一變而爲保護主義豫畫濶步世界之奇策矣而俄羅斯則排除財政之萬難而舉全力於西伯利亞之鐵道以開闢世界之新路發揮久藏之天產蓋二十世紀者果以發展國力爲絕大問題也其勢之來一瀉千里誠足令人駭觀哉

案世界政策日本渡邊國武著論說于太陽報洋洋數萬語蓬蓬勃勃如朝暾如春花光怪陸離令人駭汗然其主腦亦不外是耳

社會之幸福

社會之幸福二十世紀之戰利品也現今歐洲各國外旣主張國力而內則栽培平

民。如護名花。無敢摧折。吾試以平民主義之勝着約略言之。

以富制武力者平民主義于世界第一着之勝利也以勞作制富者平民主義於世界第二着之勝利也第一着之勝利于十九世紀既收其効果第二着之勝利於十九世紀之末二十世紀之初社會之方面一大變而遂收其効果

吾羨茲好運遇吾不免憶二十世紀以前之歷史諺曰黑雲之中有太陽噫信然哉信然哉

以富制武力者何吾再三煩瀆所言之商工業發達是也以言武力則凶狠耐戰之俄然不免藉實業以養其哥薩克兵而如花如錦之法蘭西不免俛首鞠躬以募公債于平民鐵艦橫絕四海之英吉利而財權全握于庶民議院故二十世紀之平民遂爲世界之主人翁噫可敬哉

以勞作制富之法遂開平民中之平民之幸福試問昔之手胼足繭求一片麵包於腐敗空氣中而忍受資本家之呼嚇者何今日資本家反揖之上座耶蓋工商業愈膨脹而國愈富而一國勞作之勢力愈超上乘而社會之進步如駿下坡不可阻抑

此亦必至之勢奚待多言哉

(第一) 於社會占多數 凡平民於社會占多數即其勢力之原因也試于鐵道旅行卜之夫上等乘客之數幾何中等乘客之數幾何下等乘客之數幾何而下等較中等多百倍較上等則多千倍此亦可見一般多數也

(第二) 多數之團結力 有多數之團結遂有同盟罷工之盛舉而初創凡上中等社會多冷笑之至今日屹然成立爲社會之大勢彼等之位置誠不可侮哉

(第三) 教育之普及 學問上之專賣權由少數社會奪去而彼等多數之勞作者豈必毫無學識者耶彼等有理解之演說有明晰之雜誌有新聞紙有學校奮身躍起于濁波之中發揮其自尊自重之氣象教育力之移人性格甚矣

(第四) 於政治上之發言權 所謂得步進步者平民社會之大目的也凡彼等於政治上發言權之擴張力始則干涉于市邑町村之政治繼則干步于郡區府縣之政治而終則國家之政治遂占得發言權矣二十世紀之初英國國會投票有勞働社會代表者久之則各國平民皆傚之而政治家亦多贊成之依賴之而今世所

爲政治家者羣爲勞役者之代言人而已

（第五）　發言權之實行　發言權之實行見之于英國職工同盟大會其總員百二十五萬人代表者五百人以訂定八時間勤勞條例遂顯平民之大勢啖自由黨多贊成之以其變動如推急潮誰能抗之

（第六）　社會上之位置　制武力者平民也制富者平民也制政界者又平民也而于智識上亦然彼等者眞社會之主人也

附錄造時代之英雄

歐洲世界之明星張伯倫

張伯倫者二十世紀新英國政界之明星也彼以擴張殖民取世界政策之方針故下手於南阿戰爲小試拋幾億萬之軍費遣二十餘萬之大兵然發起時世界多反對之而經營旣久卒乃成功畧述其畧概爲我國民取法焉

維多利亞女皇即位之前維廉四世之朝倫敦達婁斯街之寒微家第一子即張伯倫是也彼生而精幹事事不干拜人下風故幼時已露鋒芒八歲肄業於甘拔惠兒

學術

小學校熱心向學每居上席屢作驚人事師長多驚嘆之九歲入配施女士經理之宗教學校女士之熱心尤主張平和時乃與諸生組織平和會而未來南阿戰爭之發起人張伯倫第一贊成之遂握其最上權翌年移家于哈蒲利市復入學校而遇校長亞薩瓊遜氏大爲感化氏眞爲張伯倫開智識之鍵也今日猶稱頌不止焉稍長入倫敦猶尼維西豆施克兒學校張伯倫長數學法語博物學十六歲遂辭學校生涯入職業工場

十八歲入螺旋商會而長理其主權時適父友開一商會而張伯倫乃主張同商會以保護其利益

張伯倫今日政界之明星昔日實業界之大偉物也彼經理商會未數年漸事膨脹始則承理鑛鐵當時所製螺旋業一日凡二百萬以上之機械先則輸出于亞美利加每年獲利四千磅內部經營既裕遂注眼于外部開拓販路此即養成他年殖民大臣資格之實驗學校也

張伯倫果實業家也而眼光則直注于教育于工場旁乃開日曜學校已則偸閑以

任教員之職而尤嚴謹好演說每無人焉對鏡習之雖一動作之姿勢務以合格爲止年三十三選爲市參事會員其名乃特顯於社會而張伯倫之希望不在市參事會員而在教育運動千八百六十七年乃著〔宗教教育分離論〕設〔慈善學校〕由彼之熱心運動而名愈震千八百七十三年以衆望遂推爲拔敏曾哈市長

張伯倫之政治思想所謂先天的也彼于實業界上忽發一種政治改革心小試于社會即今日急進社會主義是也

當時拔敏曾哈市人僅十八萬無一實業學校無一學校寄宿舍無一美術館無一公園道德敗腐社會困苦傳染疾病死亡者年以數千計而張伯倫則以大膽作改革案實行之集千萬磅之市債以爲改革計設衛生部改良道路整頓通信機關無料圖書館慈善學校美術館實業學校建築公園及運動場僅三年間遂爲英國第一之市場而工商業之進步如潮流急進由此烘動此市長遂爲公民推上舞臺而市長之政事的快腕忽映于中央政治家之眼輅慈培利卿以其成功報告于帝國之首府而莫屢格蘭施敦滑確得等諸名流始注意于張伯倫非常贊嘆之曰惜

哉蛟龍厄於泥塗乃以牛刀割鷄肋至千八百七十六年選舉國會員張伯倫被舉遂出現于英吉利帝國之政界而多數輿論悉熱心歡迎之豈其排闥直入滿議堂之視線直注於張伯倫之一身而首相皮康施福適居于貴族席傲氣逼人忽見張伯倫來忽詫曰〔君奚爲而來此〕烱目直視而張伯倫則不從不容衣尋常之衣一目綴眼鏡笑答曰〔予亦偶然而來此〕雖然當時首相驕慢中表出傾倒之景亦令人想見矣

張伯倫既被選于國會而好主張平民政治故一動作多以取下等社會之便利經意而同僚多反對之彼亦冷嘲曰議院者不過政治家之劇場而已翌年乃辭國會出而倡國民的自由同盟爲發起人而格蘭施敦諸君子益敬仰之千八百八十年組織第二內閣格蘭施敦遂以張伯倫任通商大臣之位而張伯倫政治的生涯乃漸入佳境矣

千八百九十二年組織第三內閣以愛蘭自治案張伯倫與格氏意見反對復辭職組織統一黨居于民間者十年千八百九十年爲殖民大臣遂以南阿戰爭小試其

帝國主義手段欲知所實行帝國主義之眞相請諸君一讀其開仗時之演說

〔發揚英本國及殖民地之愛國心是吾最大之目的爲精神上之結果也而達此目的之道有二即帝國之防禦及帝國之貿易然行此實際不外擴張領地排斥異族使我國民世世保守此國旂而已〕

觀此則張伯倫眞不愧爲二十世紀新政界之明星而英國世界無比之國權亦由此無上之主義膨脹發達而若軍威不二之俄羅斯德意志平和共治之法蘭西美利堅無不含有此一種性質焉然當英之犧牲杜國以利己也凡杜國之同情者皆以彼爲人道之公敵雖然優勝劣敗强國榮弱國亡理所然也勢所然也徒呼人道奮空拳不特二十世紀不行之雖千百年後進步之進步之世界未必行之諺曰虎狠當道以力敵之我勝則食彼肉彼勝則食我肉張伯倫果參悟是理者也故俯仰天地而不恥爲二十世紀之主人翁

西半球政界之偉傑羅斯福

千九百一年之秋時維九月電光瑩瑩於拔亞陸博覽會場大統領麥荆尼被刺于

途而羅斯福遂昇亞米利加合衆國大統領之職時年四十二歲

羅斯福起于何起草于野彼生于紐約市父以實業及政治家聞而羅斯福則冰生于水而于政治界眼光愈鉅焉

羅斯福初名晒特兒年十五肄業于哈拔脫學校幼而素弱年十七而身體乃發達入大學目短視而熱心運動好與同學角力偏長于動物學而讀書務博教員每日彼之求學如熱渴思水同輩中如彼者誠寥寥如晨星焉

千八百八十年卒業于大學校授法學士位乃巡行西部諸州而時犹携蒲兒他克英雄傳記偸閑讀之噫彼亦英雄傳記中之一人也

羅斯福出學校乃執地方廳役務三年深求地方自治之制處于腐敗之極點熱心攻擊之矯正之以示其敏腕後於敏洲利小作勾留登山狩獵旁涉文筆聊慰心身又續出華盛頓爲內務大臣試驗委員更至紐約任巡查登庸試驗委員長再歸華盛頓轉任補海軍書記當時美西二國之平和破互開戰端羅斯福乃直起募義勇兵自任指揮官于是彼之聲威乃膾炙于美國一般七千六百萬人之口矣

羅斯福弟兄皆爲實業家。而彼則長子。千八百五十三年。與南部名族之美人。亞沙勃綠女士遂結婚。有子一女三。當時頗享家庭團聚之樂焉

彼頗嗜文學。在美國大統領中稱巨擘焉。富有著述。公衆大喝采。若美西戰爭日記。及諸著作。久傳誦於世界文才。如斯誠可爲拔羣者矣

夫羅斯福乃富勇氣具熱腸之人物也。能于政海之濁流中。矯然獨出。起身于叢脞一躍入大統領官舍。遂開成功之門戶。若彼者誠可謂亞美利加全國之代表人也而彼後來之事業。更不可限量。此僅具其鳳毛麟角也

現今發明界之泰斗愛訢聖

氏生于千八百四十七年春寒料峭二月十一日。揚呱呱之聲于北美之天。家貧而父飽學。故彼于家庭教育頗完全也。毋爲小學校教員。而于小學校之生也。僅二月。惟讀書于家而已。好讀牛頓原理論。休謨英國史。原本羅馬史。凡有關于製造及機械書。皆爲彼癖好。年十歲。讀琶敦氏鬱慮病之解剖。而其智識如積薪沾火。始發萬丈之光。談年十二。乃自營生計。爲鐵道列車之役。彼則時備書報雜物。以餉車客。獲

有贏餘則購新書讀之後復于線路之西端特脫路易市創新聞雜誌。籍鐵道電信之便以通警信即以歸車陳其報紙于停車場售之閱者見紙上登載異常之事件靈通之消息驚其事業而實不知何人所創辦也

年十五乃負其學識擴張新報制度自行印刷出版。置其印刷所于列車之貨車內。復于貨車內考究實驗化學。一日于實驗中失燐素之小量火焰貨車。同僚遂禁止其新報及科學之出版。

於是乃舍茲而學電信術。爲鐵道部內電信局執事。以偶然之失策同輩大生衝突。復忿然辭去時乃南亞之戰爭日烈遂赴敏菲施轉至路易西威兒更至但奧利安斯爲電信技師于是遂發揮其發明的應用的能力遠紐約改良電信器稍稍知名愈奮勉研究電信術彼猶以研求實學爲事由實驗化學不注意失硫酸再免職。而彼終不衰電信成功之志也。

年二十四于奉職紐約之大電信局以改良電信之籌畫說于主人。其計之第一着。爲復電機械即同時于一線上發二電信也提出此議後。人多以妄想者嘲之然彼

二十七歲時其復電機械之發明卒成功

翌二年組織四重電信大驚動于電信界改府認之爲專賣特許品至今彼所得專賣特許權凡四百餘種愛祈聖發明界之事業亦奇偉哉

彼于電信製造外復製室內電燈弧光線電燈留聲機械活動寫眞種種不可思議之構造遂造有今日之電氣世界若彼者誠現今發明界之泰斗也

歐洲之敏腕君主德意志皇帝

德意志皇帝維廉二世歐洲列國現時之君主中最足稱道之人物也蓋世界歷史中最足稱道君主中之一人也彼之光彩如聚千珍萬寶五色陸離令人眩目彼之價値又善變化若由宮人描寫則全然宮庭之皇帝也若由新聞記者描寫則全然紙墨上之皇帝也若由政治界上描寫則全然政治舞臺之皇帝也若于軍事界上描寫則全然沙場百戰之皇帝也噫維廉二世如瀉地水銀如幻燈令人不可捉摸一言以蔽之乃知識博大才氣縱横眼光烱烱壓倒羣雄之人物也

皇帝之良善高雅氣質美術文學之趣味反對于偉大壯觀之嗜好爲父帝之遺傳

彼之愛海軍好戶外之游技發揮學術思想乃母帝之遺傳也由父帝以得德國人最美之遺傳性由母帝以得英國人之特質由兩國人種之美質調成最美之性格加之以乃祖維廉一世承良將之資格爲造成皇帝人物之要素不特此也尙有一大注意處即皇帝入國立學校與平民子弟同游同學此時代誠造彼爲英雄之時代也

皇帝即位之時德國之統一僅經過十七載內治外交頗多困苦而彼乃圍繞于困苦中得政治之秩序遂行平和政策雖老練政治家不能過之

當皇帝即位之時德國固擁有歐洲第一完備之陸軍以一戰排萬難固軍人社會之熱望也是時多以功名心誘惑之使務軍事而維廉不欲以自己之功名困苦蒼生卒舍戰爭盡瘁于平和政策而世界莫不歎爲至大幸福焉

未幾退鐵血宰相雖然彼之黜俾斯麥也世界大詫異之誹笑之而不知大有機關存焉彼深知德國之建設全以俾斯麥一人之力苟俾斯麥亡則歐洲之大戰爭必起故豫黜之以彼之退隱乃造獨立之德意志爲小試苟有列國干涉則俾斯麥尙

優游安在老政治家不難再飛出于政壇噫其用心良苦矣

當其既退俾斯麥也其爲國民指導之精神愈熾乃擴張海陸軍改革政治建設學校凡學業藝術無不經心南船北馬復事旅行足跡所到處行演說描圖形賦詩歌至是除社會黨無政府黨外莫不以精幹英偉屬意于維廉二世

而彼之大勁敵有二一爲皇帝之德他即皇帝之才也嘗于南阿戰爭英國失策時彼乃向南阿大統領古魯家發一片祝電然伊並未有與英國衝突意也惟對弱國之人民發起同情耳而由此祝辭遂惹英國之惡感情噫此即以箇人之美德延出勁敵者也而類此者更不勝枚舉焉

以才招勁敵者演說也維廉之雄才偉畧每發揮于演說上然才气多而經歷少每以出言受世界猜忌而一般輿論大衝突之此以才敗者也

然至今經營既十餘載而其缺點乃漸次改正維廉者眞二十世紀君主國之錚々者也對內爲國家之中心點對外爲國民之代表其理想其力量非國家名詞上之代表眞實之代表也不僅一國之代表近世君主之代表者也古來之國家爲君主

專制之國家十九世紀之國家爲民主專制之國家于二十世紀而調和此二大主義者非德義志皇帝者其誰耶彼眞爲君主新時代先驅者也若帝皇固偉大帝皇也若箇人亦偉大箇人也帝國之建設者舉西兒陸慈一度謁皇帝大傾倒之芝剌司脫王莫兒康亦謁之嘆曰如德意志維廉眞具有英雄資格者若於近世選舉英雄當選者非彼其誰哉

探險界之快男兒施丹婁

人間到處有青山埋骨毋庸覓故鄉壯語曾爲探險男兒寫生哉施丹婁年十五遁走于祖國之救貧院嘗曰（予若不欲蹉跎則無論何事不可不先動）則眞彼成功之紀念碑也初爲紐奥利司町商家一小使（施丹婁商家姓也主人愛而爲養子故仍之）千八百五十六年之頃凡三十餘年間彼乃如活動寫眞出現于世界而彼之歷史分三段第一段爲軍人生涯次則爲新聞記者最後則探險家之生涯是也乃依次叙之

南北戰爭之際彼以養家之關係遂投南軍於瓊司敦將軍麾下不幸爲北虜一日

乘守兵之隙脫牢屋潛歸故鄉爲利拔傳兒商會之書記未幾復爲海軍至南北戰爭闌彼遂發航海之思想一度碇泊于地中海試小亞細亞冒險旅行以受土人之奇辱質于土其其政府乃博大勝利

一千八百六十七年是伊生涯第一段至第二段過渡時代然身尚任海軍員之職也爲紐郁兒克海剌兒特通信員以通信之靈警受望外之喝采復率輅特納夫維亞軍入亞皮西虐爲海剌兒特從軍記者以報告迅速記事精詳其聲名遂轟動于一時

千八百六十九年八月十七日夜忽得海剌兒特社主之子僻謨施確兒氏電曰「君能渡亞非利加一探利蒲維杜斯敦氏之消息乎」蓋利蒲維杜斯敦氏昔由泥羅之水源欲探出黑暗界後則查無消息施丹婁耳是語疑霹靂一聲然彼歡喜之心臟已如潮而忽上忽下亂拍不止

望年一月彼卒易旅裝以新聞記者之資格着探險家之途充遠征隊施令官率白人二亞拉比亞譯員一役人六十一車一馬二驢馬二十七軍械用器凡六噸餘千

辛萬苦戰猛獸戰疾病戰飢寒戰土蠻至十一月二日達彼目的地犹祈聖訪得利蒲維杜斯敦氏吾不見彼當時之狀況吾讀彼〔利氏搜索始末〕其言曰予始遇顏色憔悴之利氏予心亂躍予無言予直奔擁利氏左右疑予癲者予終不得已于言予曰君乎予欲得君之消息乃冒險來者吁而利氏乃警悟曰感謝予將以滿腔之歡喜迎君

讀其利氏搜索始末彼等于異域中對酒相祝誠令人歡呼不止彼乃于千八百七十一年七月歸國欲伴利氏同行當時答之曰〔予不敢負君雅意惟中途之事業不能捨君負新聞記者之責務速歸爲計敬告國民微軀無恙〕觀其悲壯別離語如對劇詩令人拍案也

施丹婁歸着英國女王以特位賛其功德國民樹國旂相祝賀而彼則無所榮慕倘寤寐間崇拜利氏之人物不止

千八百七十三年施丹婁之生涯轉入第三期乃利氏逝世彼遂以繼利氏探險之志自決說于輅西敦電報社主筆復請于海刺兒特社許之以探泥羅河源之究竟

再度黑暗界試畢生之勇氣一變遇合利氏以前之方針每至地乃闢荆棘築道路仆森林以引入文明光線不幸一番之熱腸被阻于土人試讀彼〔黑暗世界橫斷記〕而其心終不灰也彼曰〔余見耶蘇基督之小影眞無白人黑人之差別總之爲人類當犧牲一身以救之〕時登高山見蠢爾土人曰〔吁吁以早一刻運智識于彼腦中則早一刻得幸福〕施丹斐遭土人之挫辱不知凡幾而無所苦也惟最悲難者爲失去同行二友彼曰予當時如失去神經焉

彼終以堅忍不拔之志以探險隊分爲數部落廻于湖邊越森林超山嶺厥發明泥羅之水源爲維多利亞湖之關係乃蒐集地理的證據派一隊由孔戈之流順而西下漸達其河口着薄末然已經過一千餘日矣而伊之志不衰也彼于而桑新拔兒時遙對孔戈之大河回顧曰〔予無從作感謝語惟汝終助吾成功者也〕以大探險家之偉略引起燭目者之注意當時比利時斐奧撲兒特二世唱自主者也千八百七十八年十一月於首府蒲刺齋兒司催開萬國會議而其結果厥設立國際協會復向孔戈遣開拓者一隊以長官之任命忽落于施丹斐頭上壯哉彼直作旅裝牵

遠征隊三踏亞非利加地凡三年間爲彼協會理想圓滿時期試舉一二例如高士人之人權脫奴隸之苦役主張平和事業廢野蠻戰征依協會之囑望四度至孔戈竟建設孔戈自由國然皆慈善政策之結果也方時千八百八十四年秋末

嗚呼探險家之生涯將告終吾實不得忘其活潑之事業彼于有名愛敏拍瀉扶助遠征隊之構成凡五度爲長官越千八百八十九年彼于施丹之責務既了乃着倫敦各國帝王賀成功之電繼至英國地學協會授以最貴重徽章與克司福兒特大學附與民法博士之號愛祈琶剌大學贈以名譽法學博士位蘇格蘭地學會與以一等寶星各皆表彰其功績翌年歸本國於懷斯脫敏司達市與頓那德女士遂結婚

吾慕施丹妻吾服其智勇吾羨其堅忍吾歡其事業誠莫可言宣也一言以蔽之彼實十九世紀末葉爲豫賀二十世記開幕之偉人也

（完結）

地理

地人學（續第五期）

壯夫

第二章　地理與歷史之續

東西脉　吾先證之于愛耳披斯愛耳披斯者橫斷中央歐洲爲伊德兩國之境界也夫兩國之包藏禍心欲互逞其蠶食鯨呑之志者固著之于歷史而無可諱顧迄于今德不能逞志于伊伊亦不能逞志于德東西山脉之阻人也大矣故愛耳披斯者不特能劃兩國之境界已也宗教上政治上言語上思想上皆具有極大之畛域不聞鐵血宰相之有言乎『今而後吾不復適卡儒梭』而伊人之笑德人以朴訥鄙德人以吝嗇者則又較各國爲尤甚一山之隔感情有如此者吾又證之于派來尼斯夫法蘭西與西班牙同人種同宗教而言語性質又復多相似之點顧以派來

尼斯山脉横亘其間法西固顯然兩國民也以路易十四之政畧加之以當時西班牙之王爲其孫子故敢發驚人之語曰『派來尼斯山其早崩矣』雖然大王之命無移山之能至今法西兩國終不能處于一政府之下也吾更證之于切維脫切維脫者横于英吉利與蘇格蘭之間之小山脉也其最高點之距海面者不達三千尺然不料此區區丘垤竟爲兩國協和之大妨害今雖統一于一旗之下而兩國人心之傾向仍有大異者在焉

南北脉　吾先證之于伊太利之阿派納伊太利有玆大山而東西部之結合絶無阻礙故拉丁民族自創覇業于帶伊白河邊以來長驅南下所向風靡取魯比哥川南之地易如拾芥然獨於坡河 Po 沿岸之服從則直至威振地中海而後（自魯比哥河口始阿派納山東折而成東西脉此不可不知）而聯合敵國爲羅馬之大患卒使如荼如錦之大共和國有瓦解之禍者實山北之民非山東之民也吾又證之于斯康笛納 Scandinavia 之哥倫 Kiolen 哥倫者串貫半島之南北蓋一延長之峻嶺也瑞典國其東瑙威國其西此二國者國名異旗色異然其歷史則實一國

之歷史同屬于斯脫克朝廷之下不聞稍有齟齬彼蓋謂同爲斯康笛納之人不得有瑞典瑙威之歧視也

是則南北脉之有勢力以聯合國民也可以知矣雖然走東西之山脉亦未始無可貴者可貴維何曰能明國界獨立自由之氣能養育而保存之以鍛鍊國民的精神而又能發深遠之思想賦優美之詩歌行勇壯之事績東西山脉蓋亦若是其可貴也雖然山之高而狹者則又僅富于理想而乏實行者也詩人開堆曰『智能成於閑靜之地品位熟於社界繁雜之中』有見哉是言蓋智能若僅存于山則終爲智能而已欲實行之而見吾品位則非出山而下平原不可也譬諸水水在山或瀦而爲萬古不涸之深壑或流而爲一落千丈之飛泉初無所有利于人間也及降至平原則一碧千里汪汪瀁瀁以之而漑田以之而通舟以之而供市街種種之用其裨益民生有不勝言者夫人何獨不然山學校也平原社界也人不能終其身以蟄于學校而無犧牲于社界之一日是則山豈豈雄之久居地乎

由是而山國之缺點可以知矣山國之民每多狹隘故雖有激烈之愛國心而深于

嫉妒憎惡之念些細之怨恨至亘百世而不忘郡與郡爭村與村鬥苟無外患則斷送歲月于內訌紛擾之中

故曰山國民族有氣骨而無度量多思想而少實行

平原國

嗚呼吾述平原國民族之歷史一字一滴淚一淚一成血睸睸然西望祖國毒霧漫天羶腥徧地黃帝子孫何不幸至于斯極哉夫長城以外草白沙黃風來似翦人之緣生于其間者于于喁喁禽獸無擇又以水草零落求養綦艱迫爲而梁上之遊登高俯視見夫長城之內氣候溫和膏腴萬里則安得不望而生心覬覦既久狡焉思逞牽其曳尾之徒吮血磨牙破關突入遂使數萬里美如錦繡燦如荼火英雄逐鹿聖哲代生之一片平原土供鐵蹄之蹂躪染溷帳之氣風而吾同胞之死于鋒鏑下者蓋二萬萬人黃帝子孫何不幸至于斯極哉

雖然非無故也吾漢種自帕米爾高原東下奪苗民之平原地而居之者四千有餘歲矣初至之時未嘗不激厲奮發建國家闢文明久之則安于專制君主之胯下無

一點進取心以爲之活動蠢蠢如蛆然蜿蜒于奴隸坑穽之中而不自知其臭一旦秋風告至盡化僵尸餓鳥脊來大肆吞噬此亦平原國民族之缺點而無如何者也』

且平原國有一種極壞之惡質也其人種無論爲文明爲蠻野爲强悍爲柔弱茍人爲力不足一入平原未有不魚爛者也魚爛矣未有不遭外族之鯨吞者也吾國勿論已他如印度之普茄平原自波斯蒙古之蠻種揮戈以入迭相爲主卒至同族相殘外人得利山河破碎永陷奴坑使後之同病者讀其歷史必爲之戰眼爲之枯悲夫悲夫更擧一例即滿洲人進關以還奪我土地沐我文化腥風雖稍熄蠻俗雖稍革然其鷙猛之特性亦湮沒于無形此又平原國之惡質而無可强者也

然則其原因究何在、一平原者專制之巢窟也交通便利易于統一故平原國之中央集權制其發達也必早我中國其代表也二千年來君主以智詐施其壓制人民以智詐避其壓制而官吏又横鯁于中舞弊作法其禍遂如洪水之來氾濫而不可治而亡國之果熟矣旁證之于波蘭匈加利波蘭一塊平原土也其民皆委棄其國無參與政治之思想卒見夷于異國匈加利與澳毘連無一山脈以横斷于丹牛勃平原故雖有噶蘇士巴塞尼諸愛國之士終不得匈加利之獨立此一因也二平原者財富之淵源也山林之利薄鑛藏之利險水產之利無恒獨平原之生產力足以爲建國之大本而全體國民之命脉繫之平原國平原國有如此者然其敝也導國民于惰弱無交通思想無冒險性質僅成一腐敗之釀造場一受經濟之風潮則憔悴以死矣此又一因也

雖然亦有說也美利堅非平原國乎其政體則共和也世界中最高尙最完全之政體也其財富則經濟界之主人翁也帝國主義之王也思之思之亦以人爲力之有無多寡以爲衡耳而欲實行人爲力則又非平原不爲功平沙浩浩一望千里之地是潛伏一深山大澤之英雄出而用其獅子搏兎之手段也演其風雲變色天地爲愁之活劇也盍觀夫拿破侖之兵法乎不著眼于山間之要塞而貴直衝夫平原之中心平原國之價値蓋如是其可貴也嗟夫自由从鐵血購來世界是英雄鑄出我平原國之漢族何自餒耶

（未完）

傳記

俄國虛無黨女傑沙勃羅克傳

任克

夫天下惟最不忍之人而後能行最忍之事始也吾疑之讀俄國虛無黨歷史而乃瞠然驚泣然淚豁然夢醒也俄國有虛無黨之一團體積無數之產業無數之汗血無數之爆裂彈以死戰于專制橫狠之政府殺人如麻流血如潮前者仆後者繼而務必易得自由而後已也考其黨員有貴族有平民有軍人有學生而要爲其神經線者乃幾個極仁慈極温和的妙齡女兒傾國美人爲之耳

沙勃氏以千八百五十四年生祖曾相于尼哥拉世伯配羅斯爲征略中央亞細亞之名將其家系以功叙爵爲國中第一等貴族父嚴峻壓制故沙勃處于家庭雖言笑自由之幸福未曾受也幼齡隨其母讀書于克里米別墅年十五遂肄業于市立

中學。耽社會平等主義。而尤好與葉培克等諸同學相往還。葉培克者。即虛無黨中最偉大最英幹之人物也。至是沙勃求學之心益猛進。人有以何事孳孳不倦問之。以欲拋郤好頭顱對於是遂不見諒于其父錮之于斗室中沙勃笑曰、『生我也權操而父殺我也恐權不操而父』漏深月白乃越萬仭銅圍匿身于同學之家遂斬髮易男子裝而得其母私齎以學金復受業于大學沙勃既經家族之風潮其嗜革命嗜流血之心乃益熾

沙勃之爲虛無黨運動也而尤注意于下等社會翌年遂僞爲教士建小學于鄉以施教育于貧兒復于茶寮酒肆滔滔議論閑則跋涉于山巔水涯以輸進一粒革命種子于最荒僻之區時適大雪困于旅途饑寒交迫者凡兩旬餘然凍瘡未癒而疲唇胼足者又如常矣

夫沙勃之時代固虛無黨秘密運動最劇烈之時代亦俄政府鈎黨最劇烈之時代也緹騎滿道市中以疑似誤殺者日以數百計於是國民大悲憤乃曰『爲奴隸而死甯若爲自由而死』至是奮身入虛無黨者全國紛紛矣雖然荆天棘地虛無黨

既無處以置錐同時被封禁之俱樂部凡千五百餘處沙勃乃組織其總部于彼得堡荒城外三十里凡遇集議則聚于田叢中黨員則藁衣荷鋤見之者僅知其爲一介農夫而已噫今日我長官苟幸駕窮鄉見彼牛背橫簫瓦瓶佇酒高談太平樂者安知非我最强幹最精練之革命軍耶其愼之乎其愼之乎

沙勃之動作東露一鱗西見一角雖神龍無過之也彼既于彼得堡荒城外孤燈茅舍短衣草履冒爲農夫以經畫大事者一年復來京師白袷青驄來往于鬭鷄場裏蕩婦樓頭凡沙勃所至之地每思想與踪跡並臻其嘗語與同志曰『回想歡場結客一曲紅綃是時予幾忘却爲千金不字之女兒』日者爲路抱不平事受捕于警官然並未知其爲虛無黨中出色巨子女豪傑也沙勃拘于獄中者凡一年越歷之餘而其理想學識益奇特歸而于黨中創一刺客學習急辯學習之議論嗚呼吾讀列國革命運動之歷史多矣吾聞列國革命運動之人物衆矣其經畧萬其境遇萬其行之處之也萬而未嘗聞有刺客學習急辯學習之事也噫虛無黨之特色此其錚錚者歟今舉其受刺客及急辯教育者一大弟子願博我同胞于日長苦閑之時

一解頤焉若以為驚人泣鬼事也誤矣

克布里虛無黨中之錚錚者也聞沙勃有習刺客與急辯之議論是夜二下鐘即乘輕氣球以小試于沙勃之家至則燈燄炎炎見彼正和淚和墨以為黨中草一議將屏息入室人影一烱而沙勃已揚聲言曰眞熱腸人哉其踐日中之言而來乎克布里急止之曰毋高聲恐警官尾我後也沙勃笑曰其學急辯乎克布里曰事已燃眉尙作兒戲耶遲一息則大事去矣言時聲淚俱下而沙勃始中心忐忑急詢之答曰晚八時同志受捕于政府首領巳戮其十七人矣餘七人以未得實供現正受爆烙苛刑之時也願與卿速招同志救之存亡繫一髮耳沙勃聞是言不遑整衣惟携袖鎗一支狂呼急往此時彼一副眼淚儼若急雨跳珠克布里見沙勃已中計乃于萬種愁顏中發一霽色曰技神巳乎沙勃始知爲烏有事乃泣然曰神則神矣未免弄人過甚也

不料此一段閑話竟爲虛無黨之讖語一千八百七十七年大獄卒起黨人以駢首之餘下獄者一百九十三人翌年流配于阿羅來沙勃雜于稠人中送之見押配者

爲憲兵一隊乃機變忽生急奔還美斯科私製憲兵制服令黨員數人裝束遂挺身往來于流配地之獄中乘隙毀獄以出死士翌年復刺美勝將軍于途當沙勃指天畫地衝突于飛瀑千丈中曾語人曰『苟大事不成一旦見捕于警官吾惟以爆藥自處之萬不肯貽笑于蛇蝎之政府也』一千八百七十九年復聞俄帝巡幸之事沙勃笑且舞鼓掌語于同志曰時哉時哉其償我大願之日乎於是謀製地雷于莫斯科鐵道線下以待龍車之至而擊之精神勃々乃自繪製爆藥機關地之圖以示同志凡機關十九處掌爆裂者五十餘人或冒迎鑾之貴官或作勞働之工人或爲遊女或爲平民奇離光怪無不備焉而沙勃則跣足垢面僞裝束一鐵道工人以執第一機關時警官惡其衣服藍褸逐其避輦于郊外及第二機關以五分鐘之差誤僅得轟其副車大事敗露捕虛無黨之兵遍于俄國全境其友人曾勸沙勃亡命異國以圖將來沙勃微哂曰（一沙勃仆何患千萬沙勃不起況聚我黨人各握一粒爆藥則可化全俄羅斯爲灰燼吾不忍發此議論者蓋以無限之頭顱原爲易我如茶如錦之國權計也）遂坦然自首于政府下于國事犯之獄

沙勃性仁慈、鋤强、扶弱、恤病、憐貧。而尤、孝、于母。草次顚沛未嘗忘懷雖爾時虎狠當道而必奮身以往母別墅數次旣自首入獄乃裁書寄其母曰（兒萬死與母長別之日近矣然兒之有今日果自求之也無甚悲恨惟不得承歡膝下實兒痛心泣血也兒極思與母再續一面緣兒衣汚矣盍持襟領來云云）母得書駭極愴惶至彼得堡阻于獄卒不得見僅僅于赴裁判訊鞠之日待于路傍以求見其最親最愛之掌中珠一面而已。

一千八百八十一年四月三日。從容受首。沙勃未嘗稍變顏色。臨刑僅以嬌滴之聲。呼曰。（慈母兮慈母兒從此辭矣）當沙勃之赴市曹也以臨時取决故其母未得知焉。及聞警即乘車追之。嗚呼一腔碧血已化璀璨自由之花開却矣哀々慈母旣赴刑塲不濺一滴之淚僅呼『兒耶兒耶大志乎偉事乎今生不成來身繼之魂兮有靈速携爆裂丸而歸來』

磨刀復磨刀持以殺豕羊磨刀復磨刀英雄多此亡羊豕與英雄
豈不兩分將羊豕供啖食人間足烝嘗英雄爲犧牲衆生福穰穰

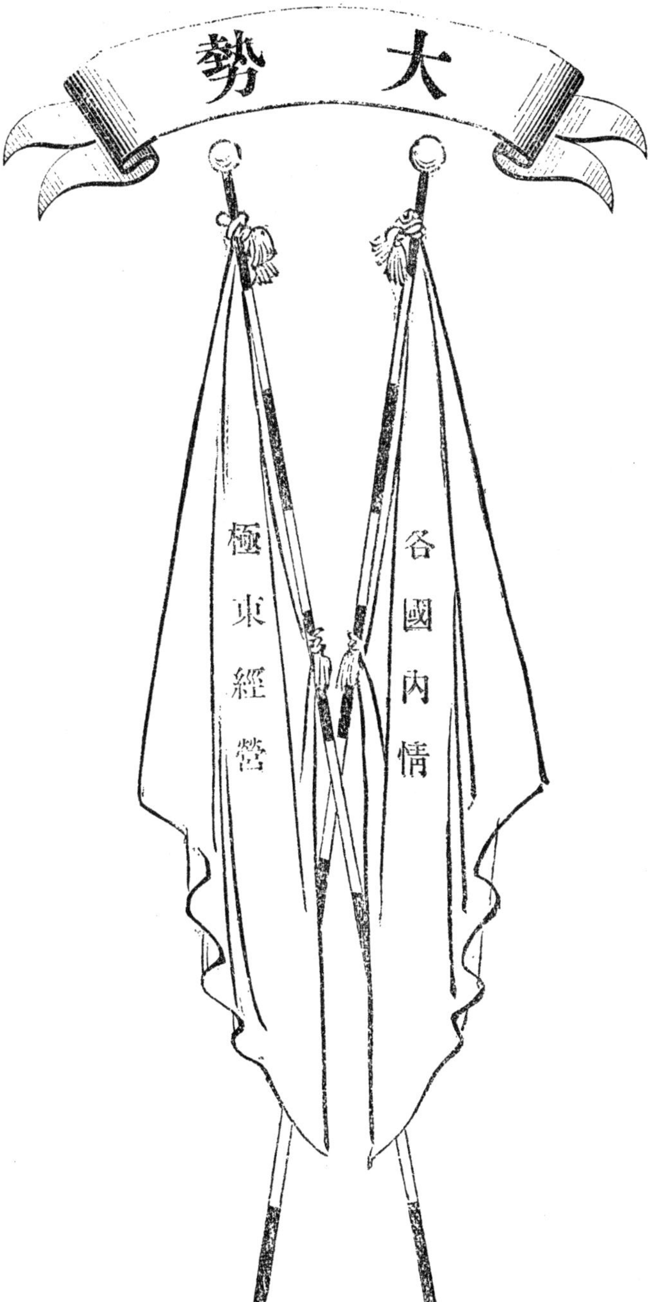
大勢
極東經營
各國內情

游學譯編

第十期

癸卯七月十五日發行

半年六冊 八角五分
全年十二冊 價銀 一元六角
零售每冊 一角五分

郵稅酌加

總發行所　日本東京牛込區喜久井町二十番　湖南編譯社編輯部

上海　總發行所　英界四馬路惠福里明權社中

每月一回陰歷十五日發行

各國內情

德國國勢之進步

慧僧

十九世紀之終二十世紀之始歐洲列強中出現一大顯象挾其蓬蓬勃勃之進取的勢力以凌駕乎列邦之上而爲後進國之錚錚者非德意志帝國乎試回溯其帝國建立以來不過經三十餘年間而其雄飛世界之氣概如猛火之暴烈如怒潮之飛奔使歐洲列強之覘國勢者莫不驚歎其進步之神速而交口稱之曰德意志帝國其條頓民族之後勁哉夫德意志自組織聯邦以來執諸王國之牛耳以鞏固統一之基礎觀其經營國家的機關如政治、如教育、如工商業、如海陸軍駸駸乎與日俱進迄今立於世界政局中已占有强盛之勢力故近年來實行民族的帝國主義而得與列强並駕齊驅者夫豈偶然哉夫豈偶然哉夫德意志所以克成爲歐洲富强之國者。其源遠。其因長。吾人既驚歎其國勢之進步。尤不得不一考其過去之歷史也。千八百六年。日耳曼帝國之名實既消滅。德意志全失其統一之基礎。及千八百十五年。德意志各邦。雖與澳大利連合於日耳曼聯邦名義之下。然其政治之樞紐依然不能鞏固。至千八百五十四年。德國聯邦中有關稅同盟之舉。然其結果在商業的而非政治的也。千八百六十六年。普澳戰爭之結果。排除奧大利於日耳曼聯邦之外。而北日耳曼聯邦之組織又成立。其時雖亦制定憲法。共圖國勢之進步。然終未達日耳曼統一之實體也。迨千八百七十一年。普法之戰終。于是建立德意志帝國而統一之偉業乃見成功。嗚呼。德意志國運開展之途。其發軔於是時也夫。

雖然。德意志之有今日也。其原動力何在。吾人孰攷其致此之由。則不得不歸其功於維廉第一及畢士麥克也。彼君若相戮力同心。內以鞏國體之統一。外以謀國權之伸張。舉凡文治軍事教育寔業之經世的施設。無不秩然有序。異常進步。今日德國於政治上。於商業上。皆占第一等國之地位。此二者之勢力既相合一。而德國之

聲威遂折衝於國際政局間無所往而不見其利也

德國國勢進步之原因固不一端雖然可略舉焉其一使國民知採用科學的方法而從事於諸般之事業也蓋國民抱科學的知識而銳意討究各國之所長於是本國之種種事業何者當改善何者當剏設無一不盤旋於全國國民之腦中故工商殖產等事業得發達於不知不覺之間其二則徵兵令是也德國國民所以最有嚴重之規律者即在其徵兵制度之完善而又加之以訓練教之以秩序使國民生活之現象亦隨之而一變其無規則之舊態其三則教育制度是也畢士麥克欲增進德國之利益認定實業教育爲國家富强之根本故於振興教育之時先肯創設工業商業等之各種學校而政府亦以學校爲陶冶國民發達實業之大機關竭力補助而提倡之因之而國民經濟上與殖產上之能力得以發揮無餘蘊有此三原因而德意志帝國以三十年之經營遂一躍而爲歐洲之雄國嗚呼偉矣

國際的關係日益緊切即對外的競爭日益激烈國家欲大其聲威以逞雄於列國則必整理其內政開發其民智振興其實業講求其軍事使全國共同一致無不以

「向外爲目的而德意志於千八百七十一年建設帝國以來即斤斤於以上之諸要素故從來相對峙相傾軋之南北德意志則各計其利害而調和之而整齊之乃制定其憲法凡關於帝國全體之事項舉委之於帝國政府之管轄以立法權屬之於聯邦會議及帝國議會以行政權屬之於皇帝更採用立法上集中主義如關稅租稅陸軍海軍領事制外國貿易之保護郵便電信銀行特許權版權道路溝渠公民權旅行居住之轉移河川之運輸各邦間罪人之引渡商賣營業度量衡之制出版集會之調查鑄貨及紙幣醫業及獸醫警察普通民法刑法及裁判法等皆屬於帝國之立法及其監督因此而南北德意志各邦皆消滅其互相猜忌之行動而集中於中央政府之下於是國權益益發展國力益益伸漲至今日而德意志遂成爲世界中之陸軍國使於建國之初不先講求其對內對外諸要政何以臻此何以臻此」

就三十年間德國國勢進步之順序而論可分爲三時代前十年間鞏固政治的勢力以圖將來經濟上之發達是爲準備時代中十年間企畫海外事業之發達是爲殖民地之膨脹時代後十年間尤汲汲圖工業商業之進步以期大擴其國力是爲

實業及航海業之膨脹時代而中央政府統前後三十年間各各制定其重要之法律用是聯邦各州之政府及其人民無不集合於統一機關之下而互相提攜互相維持使德意志帝國一躍而入二十世紀之開幕皇皇然占有世界中無上之勢力嗚呼豈非可驚矣哉

且夫一國企圖實業上之發達較擴張政治上之權力尤爲重要德意志帝國進步之根本其在各邦經濟問題之統一乎故吾人謂德國國勢之進步由於國家的統一不如謂其由於經濟的統一之爲愈也雖然彼維廉第一與畢士麥克之經營大帝國也尚有一國民政策在

國民政策者即國民繁殖力之增大而移殖其民於海外之政策也試就德國國民膨脹的現象而觀實足令人驚起者千八百七十一年（德意志聯邦政府成）其人口共四千百萬人千九百一年則有五千七百萬人其每年生殖力之增大平均計八十萬人於是德國之政治家顧其國民之增進而海外殖民問題以起夫德國非亟亟圖工商業之發達以冀促進國勢之進步乎則移住其民於海外是爲相輔而行之政策而

況乎其國民繁殖力之增加有如是速也（未完）

大清

精鋼之金百鍊彌勁

朝宗之水

萬折而必東

極東經營

極東問題（續第五期）

頑僧

俄國於極東之經營其政略之陰險其行動之機敏固爲世人所共認然於太平洋沿岸不得重要之良港爲其海軍根據地終不足以牽制亞細亞之運命也乃於千八百九十八年以强硬之手段要求吾國之旅順大連灣二港由是而俄國得以銳意準備極東之軍港要塞嗚呼俄國於東方之海上權力實於斯時始得占優勝之地位也今先將其最近編制之太平洋海軍艦隊列表如左

艦種	艦數	合計噸數	乘組人員
戰艦	六	七〇、九二八	四、〇六五
甲裝巡洋艦	三	三五、八六七	一、三六二
防護大巡洋艦	五	三一、〇二五	二、五四四

大勢

防護小巡洋艦	二	六、二五三	六六四
無防小巡洋艦	五	六、三三八	八六〇
甲裝砲艦	二	二、九八四	三七六
水雷母艦	二	八〇〇	一二八
驅逐艦	九	二、七〇〇?	五〇〇?
砲艦	三	二、八六三	三九〇
敷設水雷搬運船	二	五、〇〇〇	未詳
合計	三九	一六五、七五八	一一、八八九

又俄國於極東艦隊。據最近之調查。所增加派遣諸艦。亦列表如左。

艦種	艦數	合計噸數	乘組人員
二等戰艦	三	三九、二一九〇	二、一九六
甲裝巡洋艦	二	一三、六〇〇	一、〇四四
防護大巡洋艦	一	六、六三〇	未詳

防護小巡洋艦	一	三二八五	未	詳
驅逐艦	五	一、七五〇	未	詳
水雷艦	二	未詳	未	詳
合計	一四	……………………	………	………

此外復有義勇艦隊每年由政府給與一定之補助金其體制在海軍統制之下故平時雖乘載貨物旅客實則爲軍事上輸送之商艦隊也按義勇艦隊之義務。(一)哇臺塞或聖彼得堡與海參葳間每年須往復十八回之定期航海。(二)旅順與上海間每年須往復九回之定期航海。(三)海參葳與樺太島之間因護送囚徒須有一定之定期航海。(四)海軍府遇有緊要事件於以上航海定期之外得隨時命其極東航行。由斯以觀俄國之義勇艦隊。實軍事的而非商業的也故自千八百九十二年創設以來。經十年間政府之保護金已給與六百萬盧布。至千九百二年頃其保護金之期限適盡。而政府更與以十年間之繼續契約現今之船舶數。凡十六艘。總噸數計十二萬二千二十四噸云。

大勢

俄國既銳意擴張極東之海上權力。而於所占据之海軍根據地。自不得竭力經營以期其勢力之日臻鞏固。今查其本年（即千九百三年）之豫算。海參巖港經營費三百四十三萬二千八百七十四圓。旅順口經營費四百四十三萬三千四百圓。又以太平洋艦隊之增加。自昨年以來。於海參巖增設船渠二所。於旅順增設船渠一所。並於青泥窪築造浮船渠一所。他如旅順口之水雷營所。探海電燈營所。及砲臺工事。無不極力準備。卜期告成。嗚呼。東亞風雲日形迫急。今日俄國於東方已漸有海軍國之資格。故即有戰爭之事。其亦有恃而無恐矣。

若夫俄國之對滿洲政策。既未肯履行第二回之撤兵條約。而覘其陰險政畧之行動。已顯示欲永久占領該地域之意。蓋自第二回撤兵期至克羅巴脫將軍（俄陸軍大將）赴旅順會議時。其間俄國於東方之種種運動。實已暴露其野心於世界而無容掩飾者也。今據最近調查俄國駐屯東三省之兵數如左。

駐屯地	步兵	騎兵	砲兵	合計
營口及牛家屯	二〇〇	……	……	二〇〇

奉天	四〇〇	一四〇	一四〇	六八〇
鐵嶺	二〇〇	四〇〇	……	六〇〇
長春	八四〇	一四〇	……	九八〇
老梢溝	四〇〇	四〇〇	二〇〇	一、〇〇〇
大石橋及附近	七〇〇	七〇〇	……	一、四〇〇
遼陽及鳳皇城	二、五六〇	二、二四〇	三八〇	五、一八〇
公主陵及附近	六〇〇	九〇〇	一〇〇	一、六〇〇
吉林及附近	五、〇四〇	五六〇	一、一八〇	六、七八〇
哈爾賓阿什喀	三、〇六〇	二、八〇〇	八二〇	六、六八〇
烏吉密	四〇〇	三〇〇	……	七〇〇
橫道河及附近	一、三〇〇	一、〇〇〇	一〇〇	二、四〇〇
寗古塔	五六〇	二八〇	……	八四〇
穆陵	三〇〇	三〇〇	一〇〇	七〇〇

齊齊哈爾	四〇〇	五〇〇	………	九〇〇
布拉特及附近	一、二〇〇	一、四〇〇	………	二、六〇〇
哈拉爾	四〇〇	三〇〇	………	七〇〇
合計	一九、一六〇	一二、六二〇	二、八八〇	三四、六六〇

嗚呼。俄人以數萬之兵力艦盤踞東省之要隘則其視東省久爲斯拉夫民族之占有地。已彰明較著矣而滿政府猶竭力趣承曲意奉迎一若密約一日不成立即一日不能得俄人之歡心也者不知近頃所傳爲新密約云者不過我國欲借此得一滿政府甘心贈授之實據以避强占滿洲之惡名耳。是故密約果成立則俄人可公然得滿洲之主權而所謂極東問題者立可解決密約即不成立俄人又豈必藉此區區空文而始得享有此掌中物耶。嗚呼。自庚子亂定中俄兩國所定之撤兵條件。限六箇月以內分爲三期撤盡。然第一期之撤兵俄國名爲履行。實則遷徙其駐屯地以掩飾世人之耳目而已。乃未幾而第二期之撤兵期至。俄國駐在北京之代理公使僕蘭孫氏。忽提出關於滿洲統轄權之條件以强迫滿洲政府。此新要求既出

現歐美各國之注意於極東問題者大生波動俄國乃利用其機會即揚言曰列國對極東事件輕信一時之風說驟然呈激烈之態度今日勢既如此使俄國在滿洲之兵不能撤退云云嗚呼俄人外交上之政策誠狡黠矣哉自是而後而滿洲第二期之撤兵遷延復遷延以至于今日而俄人即乘滿洲問題紛擾之中竭力擴張其權力今舉俄國在東方種種之經營而覘其政治上與軍事上之勢力焉(一)俄人在滿洲急備兵營及其他之建築以爲永久占據之計(一)修築由鳳凰城至鴨綠江之道路及改善其交通機關(一)俄人稱吉林省之駐屯兵不受撤兵條件之檢束且於該地屯集一師團之兵而吉林與寬城子間之各要地亦駐屯多數之軍隊(一)俄國有汽船二艘聲稱巡邏在遼河游弋更有小蒸汽船六艘以備由哈爾賓輸運之用(一)自俄國人爲牛莊之稅關長後檢查一切非常嚴密(一)由哈爾賓至遼河口準備敷設鐵道事宜(一)收撫奉天一帶之馬賊以擴大其侵略主義(一)俄國占領東三省之承德遼陽海城蓋平復州鐵領開元之七州縣間敷設鐵道之地概行免稅(一)輸送土木用之輕便鐵軌於龍巖浦以經營該地之森林事業綜觀俄人在東方之布

大勢

置實已占偉大之勢力列國亦明知不能久戢俄國武裝的行動故各各擴張其勢力範圍於中國俄人果首先發難則列國應之而起而甘分之實禍至矣（未完）

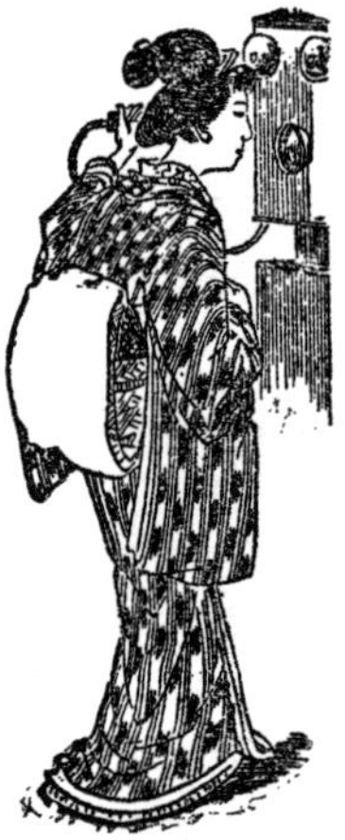

野獲一夕話（續第五期）

匪石

法王路易受審時之口供（續）

議長　汝使俾鄉斯丁爲南部軍隊之指揮官達拉美葛更受汝之召喚而於千七百九十二年四月二十日送書。於汝曰。『今願暫緩須臾當以時徵集法蘭西數千人使盡離陛下左右』其意云何。汝能辨之乎。

路易　此書因召何人。後即廢止。若記于書翰之事。余已不能記憶。

議長　汝于哥波蘭地方而以金結汝之舊親兵其證據有柴德伊愛所持之小冊在。又据汝自署姓名數通之命令書汝于波伊路忽羅拉破求永勗阿時羅撲鋪來阿米路登及俾撲利恰哥夫人皆有賜金之證汝能辨之乎。

談叢

路易　給企親兵一案當時已禁止之其餘不憶。

議長　我駐剳外國公使嘯集汝之同胞逃走入于其旗下編置聯隊而又以汝之名義借入軍用金或結諸般之契約汝與彼等亦皆通謀此有路易斯達尼斯羅克撤比挨之自筆書及汝同胞二人自署名之書狀爲證其文曰

(上略)曩者奉呈書狀託于郵便聊寄衷曲吾二人在斯立共一之誓取同一之義又懷同一之熱心以期盡忠於兄然今尙默默者則以舉事太驟或生他故雖然苟得公衆一般之援助必有勃起之一日至若彼所云云吾曹亦姑聽之其或有言于兄前者不妨漫應吾曹求事之有濟已耳吾以持重寬假臨之不越時日彼等當招自滅也(下略)

此爲汝同胞書狀書意何指汝能辨之乎

路易　余付于同胞計畫之事實于憲法上對余一人有所指定且亦不能記憶。

議長　國所以有常備兵者以備緩急也去歲十二月下旬數乃不過十萬是爲汝怠於外變之證人汝命士拿爾奔納(陸軍大臣)更徵集五萬人一切准備皆無

所缺獨於賽路噴(千七百九十二年希龍德黨得政柄久爲陸軍大臣)于巴黎所徵集之三萬人此由立法議會所可決而汝獨否認之汝能辨之乎。

路易　增加兵員諸般之命令乃余與諸大臣所議認者。至于去歲十二月軍隊之實情。皆在議會諸員之所見。非余之過失也。

議長　時諸方之有志者方自各地共達于巴黎。而汝以命令書阻其來因是我國軍隊。大形不足。繼賽路噴之任者曰勵墨利其所管軍隊器械糧餉又大缺乏。乃至諸城不守。則皆爾一人之罪。汝又關于立法議會之所決乃增置拔龍隊四十二隊。而供應又時缺乏。汝不應之。又汝告于指令官使能散軍隊。而與賊隊之兵士越蘭因何以與汝通消息。汝又以汝與同胞盡託于烈阿波爾之麾下。此有毒龍勇之書爲證。汝尙能辨之乎。

路易　余不知是等之事。此類劾告。全屬誣罔

議長　汝要求外國駐劄本國公使。而以汝之同胞與外國政府共結密約。又使奧地利免置軍隊于土耳其之國土。而得以多數軍隊晝屯駐于我法境。此有土京

君士坦丁府駐剳之公使書可證汝能辨之乎。

路易　此書所言非實事。

議長　汝委任陸軍事務于葛龍（嘗爲大藏省監督官千七百八十七年路易開貴族會議實用此人之言）之甥達賁哥羅以企汝之陰謀其結果乃使伯耳勳諸城不守被陷汝能辨之乎。

路易　余不知達賁氏爲葛龍之甥又諸城失守非余之過。

議長　汝互解我國之海軍海軍士官續續逃奔其所餘者僅資運送而海軍大臣納爾士蘭尚日日交付數多之旅行券于是輩故立法議會以三月八日發罪狀書而通報之於汝汝發書乃以納爾氏所爲當其意云何。

路易　當時引留海軍士官余得以應有之處分爲之至關于納爾氏之一條議會呈書未明示其理由此非可可責余也。

議長　汝於殖民地而橫行君主專制之虐政汝之代理官教唆煽惑乃使迫爲革命之敵此策皆出于汝汝能辨之乎。

路易　殖民他代理官之事。全屬虛言。

議長　往者國內動搖。兇徒蜂起。汝賴是等兇徒而欲收復前日之威權此彼徒所宣言者也汝能辨之乎。

路易　余不知其事。

議長　立法議會于一月二十九日議決僧侶處分法而汝中止其執行汝能辨之乎。

路易　凡議會所決。余得以己意可否之。乃憲法所許於余者。

議長　當國亂日熾。兇徒勢頗猖獗。司法大臣于現行法律中得依逮捕處置之條例以處決之而汝又渟止其實行汝能辨之乎。

路易　如上答。

議長　汝于親兵除隊之翌日表示滿足之意而送書翰於是輩又引續資其給料此有內帑局計算書爲證汝能辨之乎。

路易　余記載於議會之決議書。如親兵再被徵集時。仍得引續資給之。

談叢

議長　汝以瑞西人爲親兵此憲法所不許者故立法議傳命廢止汝能辨之乎。

路易　關于本件之議會决議書當時余皆已實行。

議長　汝于巴黎府密集同志以抗敵革命如唐哥羅孟及齊伊魯二人皆承受汝意而從事於策略且皆自內帑局支付俸給齊伊魯又募集三十人而提任組織私黨之事此有金錢受取書數通爲證汝能辨之乎。

路易　二人從事于此。余毫無所知。若抗敵革命。則更無此意。

議長　汝散巨萬之金錢而誘立憲議會及立法議會之議員若干名以羅入已黨此有散拉空及其他數人之書翰爲證汝能辨之乎。

路易　以此策言于余者固自有人。余斥之不用其策。

議長　以此策言于汝者誰歟。

路易　余不能記憶。

議長　汝贈與金錢者誰歟。又締約所欲贈者誰歟。

路易　無贈與人。又並無締約事。

議長　汝不尊視法蘭西國民而使日耳曼意大利西班牙人皆蔑視我國民而加輕侮而汝又聽之乃使我國民盡失其尊貴之資格則職汝之故汝能辨之乎。

路易　本体皆屬於外務大臣之責任。

議長　汝于八月十五日午前五時撿閱瑞西兵其兵乃以砲向我國民攻擊則亦職汝之由汝能辨之乎。

路易　是日州縣吏皆來國會之代理人亦來未從事已與親族共至于國會之議事堂。故此事余不知。

議長　汝何故集合兵士于城内乎

路易　以有官憲者皆來會恐有意外之變。且余亦爲有官憲者之一人。故不得不以兵自衛。

議長　汝何故于八月十九日夜招集巴黎府知事于城内乎

路易　騷亂益起之故。

議長　此時汝流我國民多數之血而不屑汝能辨之乎。

談叢

路易　非余之故。
議長　汝何故置屯營二萬而遂排斥議會之決議耶
路易　凡可否議會之決議書乃憲法所許于余者。
議長向于議會而爲言曰。路易之詰問辭終矣。又向于路易曰。汝尙有所陳述否。
路易　余迄聽劾告狀而希望附屬種種之書類。
此事立于議事欄柵之側者。爲拍拉商也。乃逐一取上之書類之名目。而順次以示于路易。先示以拉破羅德之手書及路易與米拉坡與其他數輩共計畫抗敵革命之證。既畢示。
路易　余不能自認此書面。
拍拉商乃示以千七百九十年六月二十九日路易之書翰此書翰乃路易與米拉坡及拉富愛德謀更置憲法者
路易　余望朗讀此書。
拍拉商乃朗讀畢。

路易　此不過一考案。而于謀抗革命之問題。全無所涉。

拍拉商又示以拉坡羅德于四月二十三日之寄書此書乃關于嘉哥噴黨。之事件而與會計委員長及王家財產調查委員所協議者路易以自筆記入日記冊

路易　此書余不知之。

拍拉商又示以拉坡羅總于千七百九十一年三月三日之寄書其書末張路易以自筆記入米拉坡與嘉哥噴黨初生不和終致分裂之事

路易　余不能認此書。

拍拉商又示以拉坡羅德自筆之書類而路易于其餘頁手署承認之旨載其始終甚詳。

路易　亦不能自認。

拍拉商又示以拉坡羅德于千七百九十四年自署名之憲法草案（即憲法之制定案）而路易畫一橫線以表承認之意

路易　是等制定憲法。已歸消滅。

拍拉商　汝知此筆跡否
路易　不知。
拍拉商　此横線汝所引者否
路易　否不然。
拍拉商又示以千七百九十一年四月十九日拉坡羅德之書翰是書末頁。路易又記入承認之旨所載乃與利拍羅面談之事
路易　余不知。
拍拉商又示以千七百九十一年四月十六日拉坡羅德之書是書末頁。路易又記入承認之旨所載乃記米拉坡及僧官派利哥司、安特拉坡美、與彼此相違之事語氣頗恨其無情
路易　余亦不知。
拍拉商又示以千七百九十一年二月二十三日拉坡羅德之書是書末頁。路易又記入承認之旨又記入日記書又別示以筆記書一通所載即舉得人望之事

路易　此二書余不知。

拍拉商　又示以求伊魯意城之宮壁內所發見不署名之文書數通所載乃克收人望而關於金錢之支給者

此時議長出言曰。就此詰問。余尚有言以質路易。即問路易。

議長　路易。汝于求伊魯意城之宮壁而又加鐵扉內置小櫃一皆秘藏諸書類此意云何。

路易　余更不知。

拍拉商　今汝筆記日誌皆在此。此日誌乃自千七百七十六年至七百九十二年汝以自筆而記入揮金結黨之事於意云何。

路易　余認此事。但余所爲者。皆爲慈善之事業。

議長　路易。今汝自置此書類于何處

路易　置于會計處。

拍拉商　汝于千七百九十一年所支給于護衛及瑞西兵之俸金。其帳冊汝自認之否。

路易　余不自認之。

拍拉商　關于阿露疊美諸州廳及季派拉司軍營結合黨羽之事今有數書爲證其事如何。

路易　此書類余不知。

拍拉商　汝自受取九十九萬三千（利伊坡）之金而記入于日記書有坡伊愛書爲證於事云何。

路易　余不知其書。

拍拉商　汝署名於表面而于裏面有阿伊愛署名之書此書如何。

路易　余不知是等書。

拍拉商　今國民劾告狀載汝兄弟二人署名之劵如何

路易　余不知。

拍拉商　自汝送書于敎長及敎長之返書時維千七百九十一年四月二十六日

此書云何。

路易　不知。

議長　其筆跡與署名汝不自認耶。

路易　不能認。

議長　其緘印非刻法蘭西國之紋章耶

路易　用此類之緘印者此間多有。

拍拉商　凡米伊羅之帳冊汝自認之乎。

路易　不知。

議長　路易汝暫退於別室議會更有所議。

至是路易供審之辭畢。乃退入于議院之溜室。又送之于唐坡羅。越數旬府廳大會議以路易受刑書要求于大議會大議會又付宣刑書于衆議以多數定路易之死刑乃遂殺之于斷頭臺

嗚呼吾讀法王路易受供詞。而知民怨之不可犯也如此昔爲殿上主今作階下囚

談叢

彼其暴恣橫逆時豈知有此一段風味哉路易臨刑乃陳告天自悔書及上國民書人之將死其言也善然不足聽也記之以告世之學爲路易第十六其人者

雜文

不圖今日重見漢官儀

英伯

緇冠皮履聳領窄袖寶星纍纍灼於前者彼通俗語曰西洋裝也衣毋閒色裳必正幅平緒翩翩垂於後者彼通俗語曰東洋裝也（東洋專指日本用學究熟語）丹纓紅頂彩翎繡補辮髮組以三而字曰三綱長掛釦以五而擬以五常囂然曰此中國之制也顧亦思我四千餘年漢種之祖國果如何果如何

凡人對於祖國之興廢莫不發有一種眞摯熱烈之感情證之哲理固合原理概念之眞想證之心理亦無悲觀樂觀之殊情此天賦之感覺力而祖宗之遺傳性也何則世界各種族必有不同性不同質之各各心象縱極時勢之奔流激瀧沈之九淵之下烈燄狂焱散之無垠之表處甲於積極的存在處乙於消極的現勢而乙之元

素必不滅往往有儲種冥冥之中而可追躡其痕跡者其痕跡其印象也其印象其精靈也物質之公理無有亦無無物不能自有而之無而況精靈哉精靈之遺傳有二義其於抽象爲文字爲宗教其於具體爲冠服徽識一切社會成立之現狀文字宗教內部之精靈也今之滅人國者務並滅之其例見於俄之亡波蘭英之墟印度也冠服徽識一切社會成立之現狀精靈感覩之媒介非精靈即精靈也故滅人國者務並滅之其例見於滿人之取我中國彼取其絕對之一切成立之現狀而銷鑠之彼惜不及盡取固有之文字宗教而廢絕之使禁漢文而擴充其右行之滿字似耶保機之用意使替孔教而擴張其雍和宮之歡喜佛鬼神殿（北京雍和宮以雍正帝皈依喇嘛教賜名奉有歡喜佛或婦人裸體與鱷魚交媾或作惡鬼狀裸體屹立擁抱美婦人或形似牛其上有露出陽根之菩薩騎之或婦人裸體自背部割開注以馬尾如是之佛像七八體又鬼神殿

玉冠

韈

中。奉有惡魔。長丈三尺餘。人身狗面有角。與美貌女神作淫狀。又有惡鬼。手持凶器。閃閃有光。足下踏有裸體男女。是等不可思議之佛像。屬喇嘛教。究其旨趣。淫殺二字而已。然內廷供奉。唄聲不絕。見燕京抄。係日本古澤幸吉於聯軍入京時調查者）

數百年後誰復知有漢族以初計之失而猶使黃顓餘裔呻吟於奴海千尋之下發廿五萬年鬱鬱葱葱

祖國之思也。上古羅馬有討史家。作物語狀都市遺俗。冀醒同族之省覺。此固民族主義之胚胎。不德如吳三桂。當滿清使者趨之北行。乃集部下謂之曰。予其翌日謁陵別故君。當以故君之衣冠見。指其首曰。我先朝曾有此冠乎。指其身曰。我先朝曾有此衣乎。予其易服別。先君。諸君各自圖之。皆曰諾。至日。各具漢官威儀。集陵下。三桂方巾素服。慟哭伏

不圖今日重見漢官儀

雜文

地。不能起。三軍皆哭同時耿精忠尚之信輩。亦舉兵反抗。江以南憤辮髮者皆響應。斯非精靈之感而誰感乎蓋此非明代一姓之遺蛻實吾族自黃帝以來代表之精靈也然至今稹波落日雲水蒼茫回首宗邦恍如隔世問大漢之衣冠幾如北亞美利加沙諸州村落之古蹟離迷勿可復睹久矣今乃不圖忽忽遇之斯何地耶何民族耶則東隣於我祖國自稱爲大和民族之日本是也今即日本維新以後之合於漢制者畧表如左並擇其尤要者各系以圖以插入此篇焉

(一)服制

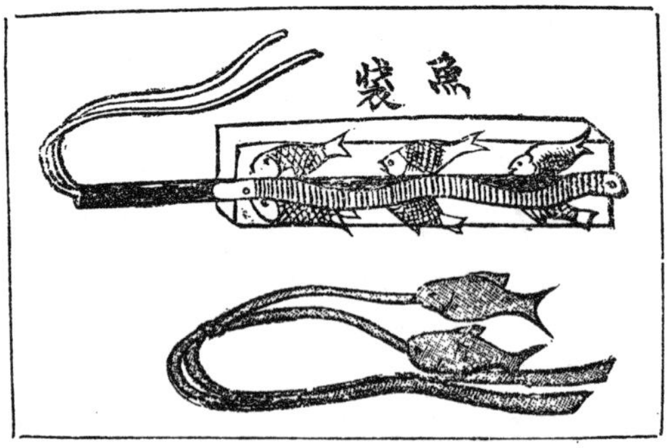

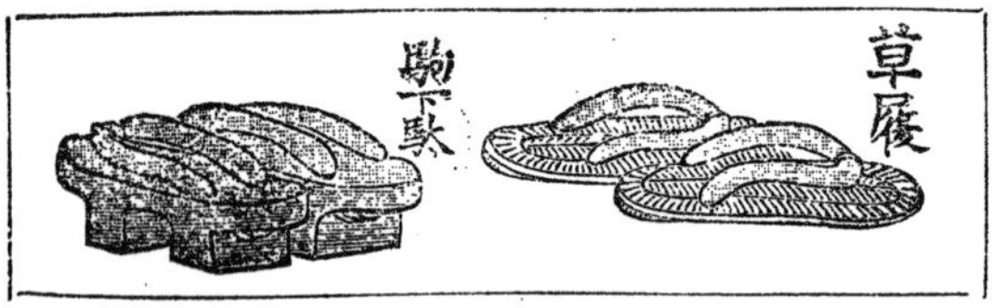

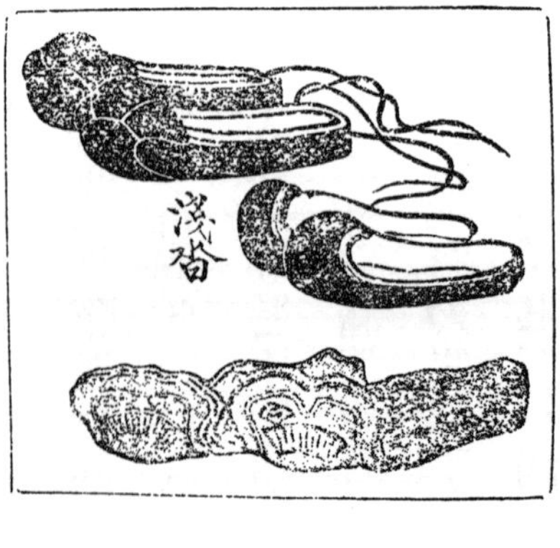

(甲)禮服

紫衣 裳十二象 玉冠 玉佩 錦韈 魚袋 組綬 牙笏

今改制後祭典猶用之

(乙)常服

表衣 宴會必用 私

服 交襟右衽 裙 男女

異製 淺沓 靴類

股引 漢時曰褌即犢鼻褌

下駄 屐 草履

屨 屩

(二)祭品

鼎 爵 洗 登

豆 鉶 簠 簋

雷尊 犧尊 象

尊 銚子

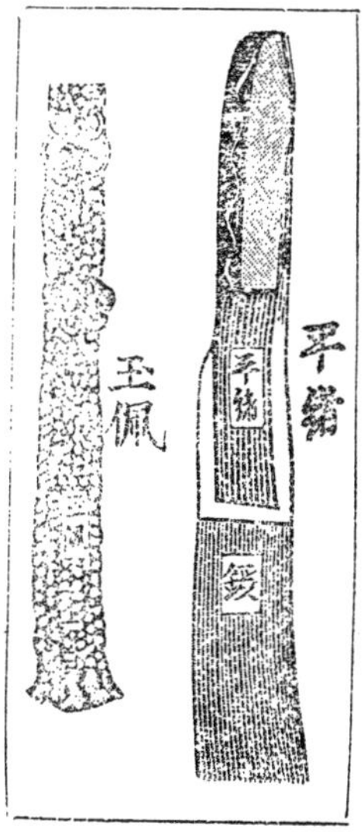

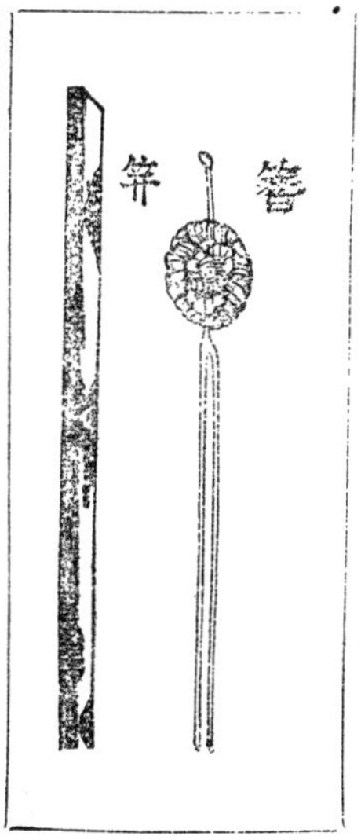

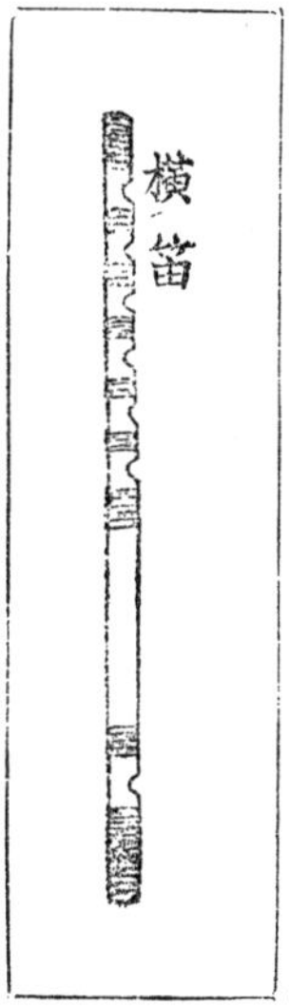

(三)宮室

四阿造 區別四隅屋頂四方下垂

椽側 檐下脫履之所 中

庭 植花木 坂屏 通俗

皆以板列垣鮮石牆以民族純一風俗善良故

蘆 戴禮所云蘆席系此

疊 舖地之席

(四)音樂

大鉦鼓 大鼓 石

磬 祭祀用 七弦琴

鵄尾琴 築紫琴

三味線 橫笛

鼓 箏 羯

不圖今日重見漢宮儀

雜文

（五）日用品

机 高祇尺餘　屏風　櫥

棚櫥子 三階或二階　簪

笄 形直長約三寸　茶 形兩

鐺　硯筥　幣篋

（六）習慣

坐 兩手着地而尻着膝　跪 伸腰

大鼓

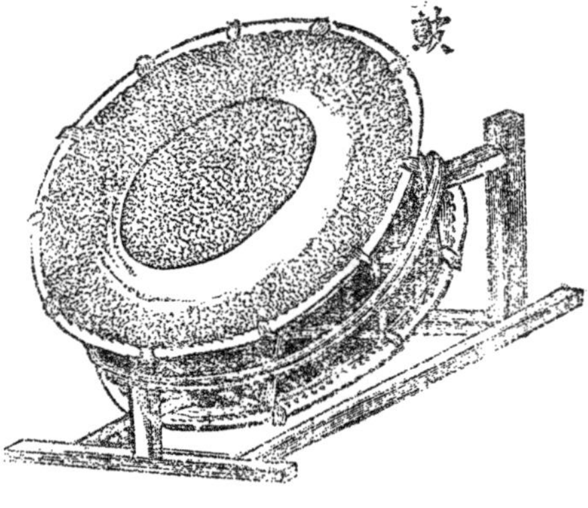

及股即危坐　拜 較跪更恭頭着地

歌 歌和甚盛　脫屨 屨不上堂　惡

踐屨　離婚 如其夫有汚行其婦可下堂求去

姓氏 以地爲姓以皆土着無雜種故

蹴踘打毬　相見禮 男女皆行相見禮不若我國婦女終身禁錮一室跬步不能出門

吾讀其風俗史氏族制爲一級摸倣唐風爲一級曁明治踐胙易服改制又爲一級大化以還皆唐風明治以降皆歐風雖然自官吏學生職工而外皆唐服自官舍學校製造所而外皆唐制極之其君主猶端冕垂裳臨大祭典歲數見焉有森有禮輩鼓吹歐風主義即有井上毅輩主持國粹主義國粹者所以醒其純粹國風之思想也以言乎精靈爲國粹以言乎具體即唐風也制不始於唐然則唐制者漢制也蓋

自粟田眞人阿部仲麿吉備眞備多治廣成藤原廣成等留學自唐迄於今亦越千三百年亞洲大陸之文明寖寖渡太平洋而東何失之桑榆而收之東隅也今日漢制之留於祖國者離戾紛擾勿可究詰其變亂之原因是又民族上一大問題也

今試以支那歷代民族勢力比較之表如左。斜線示彼我勢力範圍之比較

時代＼地	支那本部	塞外地方
上古及秦漢	苗族 ↘ 漢族	獯鬻 玁狁 東胡 匈奴 月氏
魏晉及南北朝	漢族 ↘ 鮮卑氏	羌 匈奴 柔然 突厥 吐谷渾
唐	漢族	突厥 吐魯番 契丹 ↙
五代	漢族 ↘ 契丹	沙陀
北宋	漢族	契丹 金 蒙古
南宋	金 ↘	
元	蒙古	族
明	漢	族
清	通古斯族	

自遂古戰勝苗族後漢族異族鴻溝之界至秦而定自臨洮迄遼東堡寨幾十百自雲陽迄九原軍道貫東西長城萬里東大陸一大紀念碑也降至東晉內亂如麻異

不圖今日重見漢官儀

雜文

族遂乘隙而入是時蒙古族則有前燕後燕西秦南燕南涼圖伯特種則有氐漢前秦後涼後秦通古斯族則有前趙北涼大夏後趙黃河以北腥風捲地文化云徂白日無色嗣是裹創再戰重振皇風然政體不純致迭興迭蹶而五代而南宋傳諸

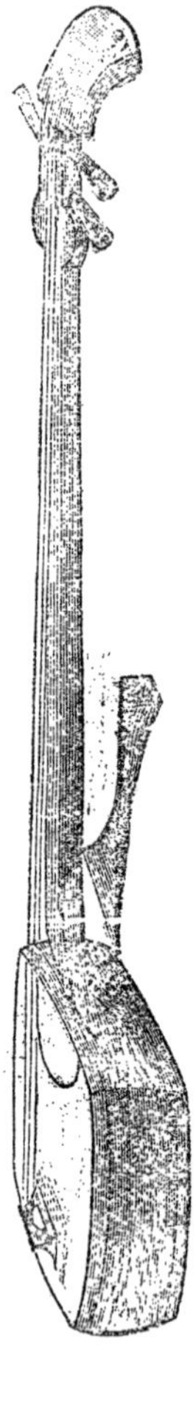
三味線

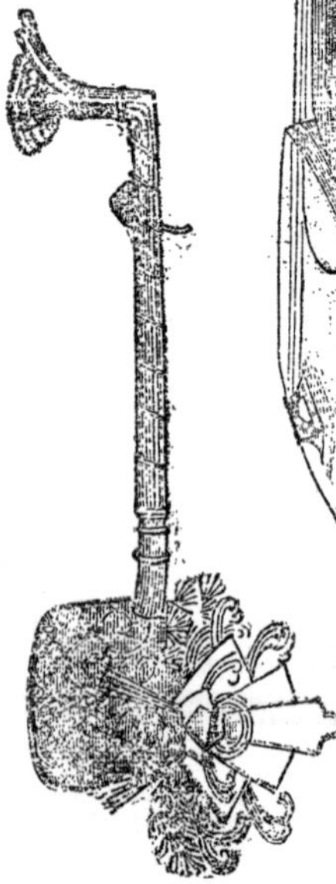
銚子

詩史者一撮其種族競爭社會遷流之影時見游魂血汚激戰於祖宗墟墓之間也然猶能混以漢人之血系化以禹域之文明即以凶暴陰鷙草菅人命之成吉思汗於所手奠之九十九年中猶不敢斷我一髮毀我先人之一冠一帶（元制冠服車

輿恐如舊制我漢族之特性爲何如我漢族同化力之强爲何如雖然吾今日不欲言之矣又嘗徵之口傳史人至死而殮衣必更制制異乎時俗幼而襁褓亦如之婦人上衣下裙亦如之無南清北清無城民鄉民今猶行之豈生不如死壯不如幼男不如女耶他如優俳之飾或以其執業之賤至并其袍笏而醜之數典忘祖僞道學如李光地輩夥矣豈賤儒不如平民耶其理由其歸宿亦有人顧而問之者耶僞儒之言曰王者受命改正朔易服色又曰移風易俗天下大寧而姦者藉以行其鉗束同胞之術其亦念乃祖之河如帶山如礪永刼不磨之祖先敎乎身爲戮民而猶囂

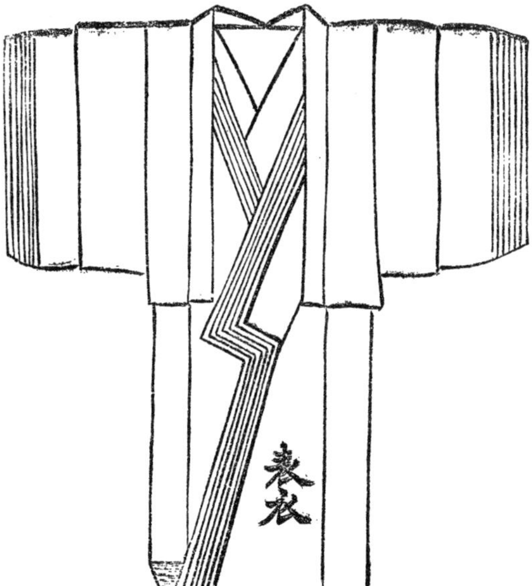

不圖今日重見漢官儀

雜文

囂然曰祖先敎是孟子所謂不能三年之喪而思小功之緦放飯流歠而問無齒決也一奴於蒙古再奴於滿淸吾見其朝爲徵君暮爲寃鬼今日達貴明日囚徒是則背祖先敎而待命異族者之食報矣吁必無唯類矣

蠻風遍扇
漢家之儀制何存
豰尾低垂
唐代之冠裳莫問

所聞錄

●賣浙江全省路礦者非劉鐵雲一人也別有人也

劉鐵雲者吾浙之公敵也前報已揭其罪聲其名若玆醜類何重汙筆然思之思之鐵雲何人有何權力有何依賴敢毅然唱之公然任之乎是必有爲之相也或者政府授意于彼耳不然必其若督若撫若藩若臬不敢身受其名致觸公怒特以彼爲傀儡耳又不然必其犯政府之怒失外人之歡非是不足以脫其罪固我位矣若是者數年以來廷臣疆臣優爲之且屢爲之凡吾同胞方欲寢其皮而食其肉孰料吾浙江之官竟有劉鐵雲其人耶孰料爲劉鐵雲之相者即出于吾浙江杭州某紳耶嗚呼吾何暇責劉鐵雲吾又何顏罵劉鐵雲吾盍舍劉鐵雲而論某紳

某紳者吾誠不解其計何巧心何險耶繼而思之吾又不解其計何拙心何愚耶夫若輩頑愚何知公理告以國家之權利社會之公益固不足動彼心矣姑就某敢爲此者試推其心以匡其過夫某不憚犧牲一省之利益不畏犧牲一己之名譽彼必有所希冀也然試問其所希冀者果安在乎或者某曾覩夫瓜分之圖三赤字加我浙江上者曰意大利觸目驚心急何暇擇再三思維惟有媚外用是引虎入室以假其威他日國亡地割

吾猶不失爲意大利順民嗚呼痛哉地猶如昨敵未過問凡我浙人宜如何十年生聚十年教訓以備瓜分之一戰乎而某紳既無以禦之且欲招之招之不來且贈以禮物獻以利源惟恐其來之不速嗚呼若某紳者其心尚可問乎其罪尚可誅乎而我尤悲其自謀之拙焉夫意大利甘與某紳合謀者何愛某紳何親某紳直貪我浙江利權耳既貪浙利必籠浙人何物不祥乃爲其爪某縱不爲全省計獨不爲一身計乎設異日者意大利抗我咽喉制我死命試問操其利權者意大利乎某紳乎不幸十一府幅員屬其版圖意大利何留此孽種以汙其類嗚呼某紳其亦計及此否耶

且吾尤爲某紳勸且告者去年冬湖南志士合謀湖南路礦不許外人占據議既決乃徧約紳民互相籌畫于是湖南紳士聯名請大憲立案而湖南全省之路礦遂賴以保全斯誠可敬可羨矣凡吾各省孰非人民孰無土地我中國不言自立則已若言自立此其基礎矣五月間吾浙同鄉會曾提議及此方欲致書各府諸紳共謀斯擧孰知我方望切雲霓者而某竟棄若敝屣耶嗚呼湖南有紳則保一省之路礦浙江有紳而賣一省之路礦吾浙何不幸而有若是之紳耶雖然某既有志于礦矣何不大聲疾呼告我同胞羣策其力咸鼓其氣衆擎易擧何難之有吾敢請某紳移其媚外之手段而用以造福我同胞且夫爲外族奴隸者罪之極也爲一省興利者功之盛也人孰不畏罪而貪功某紳亦盍慎擇之耶某紳而有自悔之心也吾且祝之拜之夫復何辭不然其何以處我浙人乎我浙人而猶有人心也忍乎不忍

吾述此淚盈盈其欲滴心耿耿其奚安客有閱之拍案大怒曰子既誅其罪何不聲其名以告我浙人乎吾乃

從容答曰。然哉然哉。吾非袒之。吾非畏之。所以不指其名者。蓋留其自新之路。以待其贖過之日也。今既暴矣。能不悟諸。

●日本于湖南航路之開設

嗚呼。吾同胞吾同胞不聞日本於長江上流又開設一新航路乎

夫外人勢力之伸張於揚子江流域者。以英國爲最盛。即以航業論。攫取我國內之利權。攘奪我國民之生計。而官不敢顧問。民不敢計較。外國人遂以商業上之經營。變而爲政治上之干涉者。比比皆是。日本於長江流域之經畫。向惟有『大坂商船會社』。今則有『湖南汽船會社』之設立。爲長江主要之幹線。既又買收『麥邊會社』。爲上海漢口間之支線。力之所在。利即生焉。利之所在。力即擴焉。於是『湖南汽船會社』設立之議。經議會之協贊。得政府之補助。而神戸川崎造船所之『湘江丸』。不旬日而乘風破浪。直抵於長沙湘潭間。而大日本汽船會社之旗幟。飄飄乎澧蘭沅芷之間。過其墟者。臨風弔古。俯仰生悲。幾忘吾國數千年之舊觀。而疑爲日本數百里之新領土焉。謂予不信。請讀東報。

東報之論曰。『支那陸上。如漢口成都之鐵道。武昌廣東之鐵道。及漢口至福建之鐵道。各國既取支那資本協同敷設。扼其要衝。我日本無占利之地位。則不得不爭支那富源之中心。利用揚子江之流域。今幸有湖南汽船會社之航路。因勢利導。爲我日本利益線延長之區。即爲我日本勢力圈擴張之徵。吾國人安得不旦夕祝其發達耶。』

所聞錄

嗚呼吾譯至此吾不解心何酸淚何枯也夫吾國之陸路航路權莫不爲英法俄德美意所占據扼其咽喉斷其手足而爲之主人翁者方目瞪口呆不敢抵抗抑何其恭且謙耶夫主人且不敢顧問彼日本者何樂而不越俎代謀百計經營不憚費數年之心力擲數百萬之金額者耶嗚呼是亦可見日本人之用心矣雖然於日本何尤夫吾國既舉土地聽人索取日本雖無此舉吾恐湖南航路其不爲若英若法若俄若德若美若意所攬者幾希然則日本初非取我中國之地不過分各國之利而已所可痛者吾同胞之生命財產從此將絕吾同胞其將何以禦之吾同胞其將何以禦之

●沈藎之慘戮

嗚呼吾不圖莫須有之獄廷杖之刑之復見于今日也受其慘者爲誰曰沈藎

沈藎者如何人生平歷史不傳人口何以觸政府之怒何以受不測之刑據各報所論雖有異同姑不深究而其死于廷杖者則言之鑿鑿矣嗚呼沈藎何罪廷杖何刑吾不知定此讞者果何辭乎夫滿政府刑人之罪非曰大逆不道即曰腹誹朝政彼固言之有據矣或刑或流數見不鮮然未聞有今日廷杖之甚者也或者沈氏殆荊軻聶政其人乎然彼亦未明宣其事也且吾恐沈氏亦無此手段也夫既無罪名何以受極慘之刑政府之眼中得毋以爲無辮子服洋服者皆革命黨耶殺其一以警其餘庶足以寒全國志士之心膽也雖然志士抱愛國愛種之熱誠豈刀鋸鼎鑊所能恫愒吾聞數月來上海亂拿新黨有某某者皆自行投到惟無治外法權故終究不能引渡沈氏以迹涉嫌疑徘徊于輦轂之下唾手得來安得不撲殺之以爲快滿政府之手段可

謂無聊極矣沈藎既殺吾旋于東報中見其絕命詩有云『菜市故人流血地五忠六烈共翱翔』意者沈氏雖死終不肯宣明其宗旨耶嗚呼慘矣。

●俄國之新要求

可憐！可憐！俄國又有新要求。

近閱日報知俄國又有新要求其內容之傳說紛紛不一。玆錄其確者于左。

一 吉林黑龍江之撤兵延期

一 滿洲永遠不得割讓或租借于他國

一 敷設鐵道與採掘礦山之權不經俄國之承認不得特許于他國

一 滿洲之電綫屬于俄國之特權

一 營口之稅關事務委托于道勝銀行檢疫事務亦用俄人管理

一 俄國之貨物利用鐵道而輸入于滿洲者無四分七厘以上之課稅

諸君。！諸君!! 請看！請看!! 此案之與今春之密約有以異乎無以異乎夫滿洲之爲俄國囊中物也。各國固已默認之英日之所以與之爭者。以其于己之利益有關也今俄國不爲所挫煌煌乎新要求又送入于滿洲之政府矣一言以蔽之曰此約者主權之宣言書也蓋欲爲其永久領有之預備故雖改變其面目而其政策則萬變不離其宗只見進步不見退讓其大而易見者吾勿論吾但就其區々者而論之檢疫事務也無四分七厘之課稅也推其意無非欲擴張其帝國政策膨脹其工商業而已何以見之彼東清鐵道敷設之目的固置重于軍事然亦頗企望工商業之發達者也及至今日西伯利之實業遲遲而未有進步而外國品之流入者歲有增加俄人知其爲前途之一大危事也乃藉撤兵條件以管牛莊港之檢疫事務名雖檢疫實則監督船舶之出入而干涉外國品之輸入也一面則不課四分七厘以上之稅以便國內製造品之輸出其所經畫蓋將武斷的進路之方針一變而進于實利吾知不三年其于滿洲之根據地雖有天大之力不足以撼之嗚呼滿洲滿洲非滿人有矣非滿人有何足痛所可痛者帝國主義之風潮直衝入我中原其禍不在滿人而在吾同胞耳

●橫濱之三江濟幽會

嗚呼何我國之青年子弟之無教育至于如此其極耶

月之八日三江商人之居留于橫濱者與三江濟幽會邀日本僧侶施放餤口晚則沿途迎賽前導以大鑼繼之以九聯燈船鼓增之以日本樂隊更雜以人扮之大頭小頭鬼及紙扎之五傷鬼鴉片鬼奇形怪態不可示人翌晨時事新聞有『支那人ノ馬鹿騷ギ』之賤評而橫濱新聞又復冷笑不止噫不亦痛乎然推其故實發起于數個兒童兒童何以發此奇想則吾敢斷言曰無教育故惟無教育故數千年遺傳之惡習慣終不能絲毫改去而外界之感觸終不能絲毫刺入也

吾今有一言以告曰諸君諸君何不移其濟幽之心以教育子弟移其濟幽之貲以創建學校乎三江人之子

弟之在橫濱也。計不下數百。聞其中之有志求學者亦不少。橫濱本有大同學校及中華學校。大同創自粵商。且校中敎習亦皆粵人。言語不通。故三江子弟之不能入此校也。亦勢之無可如何耳。中華雖與粵商共同組織。然聞經費支絀。頗難支持。其補助金。如領事牌費。及某某捐之類。均屬有限。三江商人果能注意及此。當竭力維持此校。一面改革功課。添請敎授。而各使其子弟就學。則數年而後。成效必有可觀。較之靡費金錢。徒受外人之笑辱者。其得失果何如耶。嗚呼既往不咎。來者可追。我三江商人其圖之。我三江商人其圖之。

●嗚呼猶太

嗚呼。吾何暇哀猶太。吾不能不哀猶太。吾非哀過去之猶太。吾哀欲來未來之猶太。猶太！猶太!!吾國前途之小影也。舊猶太去。新猶太來。新猶太之慘。尤慘于舊猶太。嗚呼。吾述此言。淚痕欲斷。孕爲血痕。血痕欲枯。纖爲蠹瀋。吾不知吾同胞閱我言。其亦淚耶。血耶。和墨而下否耶。

猶太被慘。滬上各報已詳載之。斯非奇辱耶。斯非巨痛耶。雖然。辱矣痛矣。于猶太何補。于俄國何尤。夫民而有國。斯謂之民。既無其國。曷有其民。猶太受慘。其果雖見諸今日。而其因早種于昔年矣。然即無俄國險毒。試問猶太遺民。其能享居住自由。產業自由之幸福乎。即仁如美國。今日從猶太人之請命。而發大慈悲者。他日亦演俄人虐殺之惡劇。而加諸未來之猶太人。亦可料也。往年檀香山焚燒華人之慘事。吾同胞其未忘耶。嗚呼。己不自立。於人何咎。自貽伊戚。又焉能追。猶太猶太。後悔奚及。美統領雖詰問俄廷。其能蘇已灰之骨。返已破之產耶。嗚呼。猶太不於未亡之先。謀所以救亡之道。則今日之受此大創。直其機早伏于亡國之一日也。故論者謂俄人之虐殺非俄人之苛待猶太人乃猶太人自取之也然則猶太之民雖哭無淚雖死已晚而若隱若現欲來未來之猶太存款于洋行買地于上海者其亦覩此苛慘之狀目爲之眩聞此呼號之聲耳爲之鼓否耶且彼若狠之俄今日施諸猶太者即異日施諸欲來未來之猶太也吾同胞果有是見也則必痛哭流涕呼於道左父詔其子兄勉其弟曰昔日之猶太今日之中國也今日之猶太明日之中國也猶太往矣中國危矣同胞同胞盍以猶太爲鑒毋再飽虎狼之呑噬耶此則吾援筆以書忍心以述而與吾同胞互相猛省之微意也不然秦越肥瘠漠不相關滅頂之凶迫于燃眉彼擁我東三省之新主人者方將啞然笑欣然喜曰是誠猶太之遺類也吾既以虐猶太者試彼而彼仍甘爲猶太之續且恐爲猶太之不速耳吾非有以制之剸之不足以償彼願快我心也嗚呼斯亦吾同胞自招之耳且彼無告之民慘死于歆爾浧布者魂其歸來則且含淚于地下曰吾何不幸而遭是慘耶吾又何幸而有欲來未來之猶太接踵而來相見于陰風昏霧之中共訴情況耶和者有人吾不孤矣嗚呼是誠吾不能再言矣而吾姑忍言之吾願我同胞其忍聽之

要之依賴乎人者必失其依賴絕其人類而後已俄誠凶悍固猶太人自投之也美雖仁慈豈猶太人能常恃耶嗚呼公理何在惟權是視山路崎嶇寧止一虎四面楚歌跬步死地狐死兎悲物傷其類弔彼猶太警我中華同胞！同胞!!諦聽！諦聽!!

雜錄三種

東報隨譯

瑣談片々

紹介新著

東報隨譯

●龍岩浦與滿洲

譯日本週報

俄國之呑併滿洲而漫弄其辭令的外交者歷有年矣當世人未盡悉而俄國早伸其猿臂着手于朝鮮之北境爲事實的經營往年則留朝鮮帝于伊士確公使館感之以恩示之以威曲解其無理獲得之森林採伐契約其意蓋欲掌握鴨綠江畔全部之權力也迫韓廷許租借龍岩浦爲其不手處當租借條約之猶未成立也即行暴亂政策建築兵營開鑿運河建立海壁買收土地立龍岩浦綜理局其種種設施旁若無人之態苟有熱血者皆不能默視也

雖然謠言甚多或謂此事實在條約既定之後或曰在條約未成之先今姑不論然其經營龍岩浦之事終不能掩人耳目者也既敢爲事實的經營則條約之成立與否奚待問耶即未成立而俄國欲擁此薄弱之韓廷要挾其批准條約易如反手韓廷敢不俯首從命乎既租借之後即可不必論年限或二十五年或九十九年惟已之所欲而已矣且還付之期必無之事也其租借之目的曰擴張其森林事業咄此不遇遮蓋一時之語其眞目的之所在夫固人人知之曰完全其軍備的設施而已

雜錄

滿韓交換之愚論。日日有所聞。即今之號稱識者。亦有不憚煩而反覆此愚論者。彼等果視龍岩浦問題爲何如哉。吾人正在排斥俄之併吞滿洲。乃俄國大伸其長臂。其勢洶洶。突入朝鮮半島。一若必納諸囊中而後已者。夫滿洲一失。朝鮮隨亡。此必至之勢。今已現端倪矣。故滿韓交換之言。乃一時姑息之談。惟講偷安主義之人之所主張。而非籌國家百年之長計者所可言也。

夫排斥俄國于滿洲。此公論也。今欲以滿韓交換之說。爲平和手段。以解決極東問題。曰以滿洲與俄國。而日本收朝鮮半島。噫。是豈可哉。今除懼俄者外。凡稍有眼識者。無不知俄國併吞之害。故欲打破俄國之極東經營者日衆。

吾今大聲疾呼曰。俄國既着手于朝鮮半島之經營。則滿洲問題。斷不能以平和手段解決也。平和的解決云者。必依雙力之讓步而後可者也。今日之地位。日俄兩國。其將如何讓步乎。蓋不外滿韓交換之事實耳。雖然。滿韓交換。吾人所決不能承諾者也。惟有責俄國之無理。迫其撤去。以保東洋之平和。以抑斯拉夫人之野心。俄國若不退一步。則不得不與之相見于干戈之下矣。相見于干戈之下。決非無價值在也。

◉東歐問題與極東

譯國民新聞

歐洲電報。屢有巴爾幹半島形勢不穩之說。吾人由此等電報而察之。東歐局面之發展影響及于極東局面之解決。此可預測而知也。今日歐亞之全局。列國利害之錯綜。擊此端則直達于彼端。例如月球與地球。雖相去千萬里。而月球之盈虧。與潮之漲縮。有直接之關係者也。巴爾幹半島問題。東歐之問題也。而于極東外交界。大有進退國際之關係。如此其奇也。

尋巴爾幹問題之根蒂。則馬基頓人問題是也。馬基頓人壓于土耳古官吏之虐政。受悲酸之生存。其布魯呆里及瑞耳威之同胞。乃依伯林條約。以救馬基頓人。不幸閱二十三年。無一實行。馬基頓人苟欲求自由安全之幸福。則無慈悲之土耳其人虛待之而愈加甚。蓋實陷于奴隸地獄者也。其勞作之貨金。則沒收之。其日常之食物。則掠奪之。其救于之布魯呆里之同胞。則爲其軍隊所掃蕩。忍無可忍。遂有今年之舉。此舉也。豫備充足。決心堅固。于是起重大之國際問題。

夫東歐問題。馬基頓人之問題也。馬基頓人問題。雖不過爲土耳其人內政問題。然看其影響。則始及于俄奧伊三國。終且爲歐洲列國之問題也。而歐洲列國于極東問題。尚未解決。于是乃成歐亞全局之問題

第一之影響。及于布魯呆里。而馬基頓問題。遂一轉而爲布魯呆里對土耳其之問題。布魯呆里國見同胞之受人之魚肉。不忍袖手。或陰助馬基頓。或對土耳其。而爲示威運動。厥後布魯呆里與土耳其之間。風雲日迫。列強視線。羣集于玆。土耳其遂有速自彈壓速自改革之說。然改革不足信。彈壓又非所能。布魯呆里實動。其血。此外交家之鑑水。爲尤紅。依此情形。俄國不能放任之。奧國不能默過之。回念二十餘年前之歷史。列強共會。調印伯林條約。以謀恢復東歐之平和。際此局面大變。蓋列強之所深恐。而恐之最大者。莫俄國若也。

伯林電報曰。『俄都之有力新聞威特摩斯唱言擊退日本。較之謀君士坦丁方面之事爲尤急』。此論不妨謂

雜錄

為漏洩機微之一端。夫俄國何嘗一日忘巴爾幹半島之現狀乎。徒以極東有極大之擭獲為無上之急務。故不得不置東歐經綸于第二位也。故俄國之東歐政策。力之所能及者。無不暗中湮沒其影響者也。以此政策施於東歐。故於極東得以自由活動矣。蓋欲遂其極東之大慾望。則必維持東歐問題之現象。其發展也。固大有影響於極東。即其靜止亦非無關係者也。故東歐問題對於極東問題。宛如一種之風雨表也。吾人為極東之國民。不可不注眼於東歐。

瑣談片片

世界多晴日之國　一年為八千七百六十點鐘。晝夜平分之。則僅四千三百八十點鐘。而歐洲之西班牙。一年平均受日光之時。有三千點鐘。蓋一年之中。有百分之六十九。為晴日也。

空氣之賣品　法國有一化學者。發明新鮮空氣。可藏之于箱而攜帶之。其空氣製成為圓形體。此體投入水中。即溶解而放出純粹之養氣。坑夫及空氣腐敗之處者。皆不可不攜之。

奇特之慈善　德國有一富豪。死時遺囑以資產一分。其利息則賞與下之所述之人。凡與最醜之夫人結婚者百六十圓。與最不具之婦人結婚者。百二十圓。與不幸至四十以上之老女結婚者百圓。

種々之笑聲　慷臘慷慨者。英雄之笑。胡呼胡呼者。輕薄之笑。咳臘咳臘者。蠢愚之笑。此依人而區別者也。以國區別者。伊人之笑。為音樂的而乏氣力。法人之笑。緩急無度。英國下等社會人之笑。如破裂聲。

德人之迷信　赤兒之體有長毛者。必不成長。手有短毛者。成長後、必富貴。頭頂有二旋毛者。成長後則多幸福。過此則不祥。

不潔之食法　野蠻之人。食物用箸者甚稀。蒙古及中央亞細亞之土人。食物皆用指。指又不洗。食畢則僅以

雜錄

衣服拭之。其衣服之不潔可知。其洗指者。最高等者也。即暹羅是也。但下等人亦不洗。

身体左右之差　人之身體。苟左右二等分之。表面雖同而內部皮異。右之重量。大于左一二斤。蓋肝臟在右故也。

新發明之失去　俄國科學評論之主筆者。名菲立潑。研究爆發藥之有名者也。去年爲藥液之實驗。中青酸毒而死。死之前日。菲立潑曾送一書于某新聞。略謂余于多年苦究中。發明一爆發物。能放于數千哩距離之外。現已成功云云。不幸于一霎間。即逝世而去。而此發明亦隨之而死。未得傳之後人。惜哉。否則軍事界當別開生面。

月將碰地　美國哥奈爾大學之教授阿爾巴豫言曰。地球終日運轉。而月運轉于地球之周圍。其進路爲螺旋形。故與地球之距離。次第接近。其接近之速力。則隨接近而增加。終必有密切于地面而運轉之一時。是時崩山倒海。破壞市街。溶解陸地。皆必有之事。且地與月。必皆有熱度極高之瓦斯。雖不能確定何時。然必在二十世紀之中云云。

病人之車　凡身體不自由之人及年老者。每苦于不能外遊。致礙衛生。近來德國人新造一種車。車中備枕與便所及病人種種必要之器具。狀如人力車。而馭手在後。病人安坐。無異臥床中。

黑人之白粉　亞弗利加之黑人。皮膚如黑漆。以吾輩臆度之。彼必愛己之黑色以爲美麗。而視白人之白爲不雅也。孰知彼黑人之與他人種之血液混入。而其黑色稍減者。嫌黑色之醜。常以白粉塗其面也。

德人之文身 德國之鍛冶屋肉切店樵夫漁夫筏夫材木運搬夫等用海軍的文身者甚衆。例如旗劍大砲軍艦在米熊亨市有專業文身者每一個需銀五角。

十四支檣之船 從波羅的海爲運搬荷蘭之生鐵。特造一大船號。號辯挾呆斯。檣有十四支。起重機有二十四個。普通船需十日抵陸者。此則僅三十小時可矣。

最好舞踏之民 亞弗利加之勃希麥人。最好唱歌及舞踏等。至竟至忘却衣食。饑寒交迫。仆倒于地。然謳詠之聲猶未絕。舞踏中若有外敵來襲亦不知覺。致受不意之敗北者。屢屢見也。

大洋水之重量 據普維薰雜誌云。太平洋水之重量。爲九四八、〇〇〇〇〇〇、〇〇〇、〇〇〇、〇〇〇、〇〇〇、〇〇〇、〇〇〇噸。大西洋水之重量。爲三二五、〇〇〇、〇〇〇、〇〇〇、〇〇〇、〇〇〇、〇〇〇、〇〇〇噸。又太平洋之面積。六千八百萬平方哩。大西洋之面積。三千萬平方哩。印度洋及北冰洋之面積四千二百萬平方哩。

猫之最長壽命 德國之紐芬確確王城。有一匹猫。號已有四十二歲。頗活潑。據德國保護猫協會長苛耳云。此猫于世界爲最老之猫。蓋猫之有如此長壽者。眞絕無僅有也。

生物之最高溫度 美國卡里尼大學教授雪雀爾氏。研究生物之生存。知其溫度之最高者。能生活于溫泉中。有一種植物名西莎堵者。專生長于熱湯中。又一種名葛羅立斯（有黴菌形之植物）者在華氏百五十八度之溫度內。毫無異狀。在華氏百九十六度內。仍不枯死。此乃生物之最高溫度云。

瑣談片片

水上步行之名人 船長克祿斯曼。前于倫敦。步行水上。大博喝采。此人之製水上步行器。苦心經營。凡六年始告成功。近來于各處實驗。皆驚歎其巧。由德國之哈爾來至伯林。或由伯林至漢堡。雖距離如此之遠。皆可旅行云。

紙洋服 據美國通商雜誌云。伯林有一裁縫店。能以紙作衣服。于各新聞紙上。編登告白。其價一套計二弗五十仙。其材料則如布。較之羅紗稍重云。

鐵產額 據最近之報告。前年世界之鐵產額。共有八千五百萬噸。或九千萬噸。英國一八九九年鐵之產額。有千四百四十六萬一千噸。前年則僅千二百二十七萬五千噸。反之美國一八九九年爲二千四百六十八萬三千噸。至前年則一躍而增至二千八百八十八萬七千噸。比英國多千六百六十一萬餘噸。即此一端。美國之吞世界工業。已可概見。

可驚之燈臺 赫黎確島現在之標識航路。所用燈臺。其光力殆世界未曾有之强度。此處非大燈臺無效。故用一德國技術家之設計。裝置抛物線之玻璃鏡。以代富列斯納三稜玻璃。其光力發射之度。較以三億燭光隔四十哩照耀于晴天之帕斯姆燈臺更明。

九呎之人骨 美國布靈斯敦大學之教授富阿及數名學生。現于蒙太奈地方發掘種種之化石。其中有高九呎(英一尺)之人骨。並有如馬大之犬骨不少。

紹介新著

●中國歷史上卷　橫陽翼天氏編譯　湖南東新譯社出版　定價墨銀一圓

歷史爲國魂之聚心點。國民愛國心之源泉。然我國之史。非余一人之家譜。即强有力者同族相殘之戰門記。以故人人不知國家。而爲異族之奴。橫陽翼天氏痛之。特編中國歷史一種。其上卷于今年初夏出版。體裁新鬬。材料豐多。而又以民族主義爲其宗旨。誠我國歷史界開創之大作。而普通學教科書中稀有之善本也。國民國民。不可不急讀。惜定價稍嫌昂貴。寒畯之士。不免有向隅之感。

●中國文明發達史　黑風氏譯補　湖南東新譯社出版　定價墨銀八角

是書爲日本白河次郎國府種德二氏合著。史眼如炬。考證精嚴。凡我國四千年來文明之梗概。如政治。宗教。學術。工藝。美術等類。皆博採兼收。亦歷史界中之珍本也。黑風氏譯之。更能刪繁擷要。橫陽翼天氏贊其于專制政治奴隸學術二大亡國罪案。以全幅精神著議訶斥。可謂得當。惜定價亦稍貴。

●法蘭西革命史　青年會編譯　青年會編輯部出版　定價墨銀八角

是書爲青年會首次出版之書。明權社登其告白云。欲鼓吹民族主義。以喝棒我國民。改訂再三。始行出版。其中叙法國革命流血之事。慷慨激昂。奕奕欲生。正可爲吾國前途之龜鑑云云。購而讀之。不覺起舞。

雜錄

眞救吾國之妙藥與吾國之主動機關也愛國志士不可不各手一編以自策勵至其譯筆之簡潔地名名人名之悉据舊譯雖其餘事亦近日譯界中之少見者也

●社會進化論　　侯官薩端譯　閩學會出版　定價墨銀五角

是書爲日本碩學有賀長雄所著分四篇第一篇總論第二篇社會發生第三篇社會發達第四篇國家盛衰二三兩篇是全本英國大哲學家斯賓塞爾之說後一篇乃著者之心得語簡而理詳吾國新譯之社會學推餘杭章氏炳麟之羣學爲巨擘今此書可與章氏之羣學參觀實研究政學文學者所不可不讀也又順德麥氏譯出人羣進化論一冊見其告白臆度之卽此書也以未讀過不敢妄斷

●西伯利亞大地誌　　王履康辛漢經家齡合譯　金陵啓新書局出版　定價墨銀兩圓

是書爲日本參謀本部編纂之書分天然國體歷史三大部雖出版稍久然調查精確徵引閎多其于我國已可謂最新西北輿地書之善本也且譯者于鐵道一門將日本田邊氏新著西伯利亞鐵道一書內各線路截譯載入並附一中外貨幣度量衡比較表可謂苦心經營留心輿地者宜案置一編

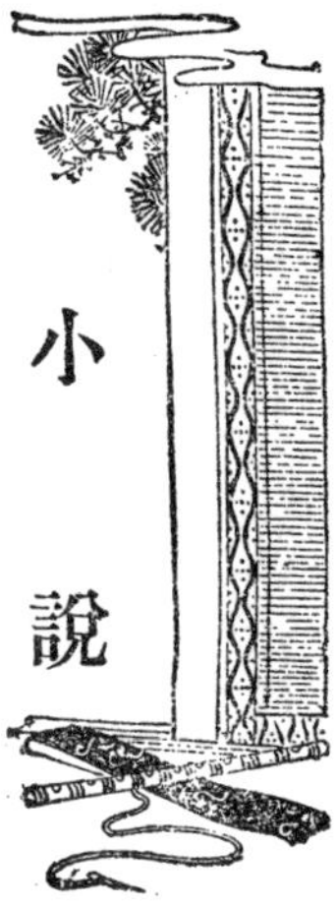

愛之花

儂更有情

第二回　英雄價值妙語批評　極樂世界名伶豫演

甫及門。只見青紅爛熳的電光影裏。烘出一位俳優銅像。軒昂昂高立雲表。四圍鐵欄。站着憲兵。踱來踱去的警察。更形忙碌。瞥眼間箇中莊嚴華麗。唉。賽武西太后將白得的產業。鈎心鬭角。造成頤和園。實不值爲此戲院當箇茅厠。余遂與舜華買兩枚入場劵。携手循大理石層階而進。左盤右旋。遙看一間華廈門匾上。聚着羣星大放光芒。仔細看時。原來用電火編成的優待室三箇大字。聯步進去。只左右兩座。已被人定去。遂在中央安揷。裏面侍兒先來應酬數語。余向外一望。原來只劇塲乃是椭圓形。基礎全用五色花岡石砌成。較之希臘雅典府遂尼洲施劇塲。足足大有十倍。余所居已在第四層樓。俯視雲飛星隕。除去羅綺生香。珠玉競彩。別無觸目。舞台上簾幕重垂。經風微動。余正在出神凝視。忽覺有人向余身畔一撞。回顧時只聽得一聲驚罪。已離了有一丈多路了。余亦回入室中。只見舜華端坐。輕鼓風琴。鼓一回覺得有人按譜唱一句。聽時鼓的是齊天樂一曲。乃蘇國公主密靈德所編。剎那間已遂停止。忽又聽着斟酒聲。盤盞聲。余笑道吾輩其樂而忘食耶。舜華輾然。遂按一按電鈴。喚侍兒備了兩份大餐來。酒過半巡。猛聽得有人對着余室唱道

(金明池)帶水消魂。情絲穿淚。顛倒英雄如是。立馬千尋。雄風一世。贏得美人牽住。胭脂債才要還時。卻又被豔想迷漫。添去亡國月明中。頭顱孤注。剩閒情偸一試。　森森俠骨多情種。問買笑傾城。護花入甕。青萍磨盡男兒氣。江山不值溫柔重。甚天公戀愛魔人。有萬種癡迷。一塲玩弄。孤島怒潮驚大夢。醒也買箇蒲團供奉。

奇事。!!奇事。擡頭一看。原來余室中。懸着一幅拿破崙的寫眞。係臨戰前夕之景。一侍兒握着鎗。一美人與之握手。月黑風雌。短人英氣邊上龍蛇飛舞。題着只闋詞。下

註君鰲偶題。嘆。更奇了。只原是余生平知已。祗爲余墮入宦海。遂爾絕交。他的筆墨。何以在此。且不管他。忽又聽隔房崇論宏議。說道是耶。迷性果然不可以沒有。惟只迷性用得好時遂成正果。用得不好遂入魔刼。總之愈聰明之人迷性愈重。能超魔刼遂成正果。既成正果防墮魔刼。夫人是呱呱落地。都有做英雄的地位。做英雄的義務。人的迷性就是造成英雄之學校。世界恒河沙數人類有多數的不成英雄。就是他自失權利放棄責任。然而不成正果墮入魔刼的就也算了。可憐將成正果重墮魔刼的。實在少箇普救主超度他。一超度超度的法子也極容易。只要在戀愛勢利的地獄中。掛一面大鏡子。點一盞明燈也好了。現在的人都是受只戀愛勢利的羈絆。墮入泥犂。他反說戀愛勢利是英雄本色。一邊答道。果然不過戀愛與勢利有箇分別。勢利窩中的人。決計救不好。戀愛途中的人。容或可救。我從前同學少年。足有數千。未登舞台的時侯。箇箇都是剖心瀝血。後來一登舞台。狐狸尾巴都獻出來了。惟勢利鬼罪有兩等。一種是宦海中人。他是一味無智。當他一箇畜生。其罪尙輕。一種是文人。他見儞有可取栽他就崇拜他。見儞無所短長。他就輕薄儞。面上假淸白心裏頭吮癰甜痔無所不爲只一種勢利鬼眞狗彘不食其餘至於戀愛關頭人類萬不能逃過然人間世亦有假戀愛而發揮者先觀于歷史的不見中古時期之城中教育乎少年武士博淑女一笑爲無上光榮一顰爲極苛責罰其因果由戀愛遂造成愛名譽的故後來一片沙漠上萬綠叢薄乃顯出一堆最珍重的冷灰白骨次觀於社會學的社會學家言女子富于愛情優趣足以養成男子之天性誠不愧爲祐助及慰籍者之天使更及于箇人的若盧梭若囂俄自古英雄胥斗其戀愛未嘗爲之累者苟誤用戀愛則烏江盡頭馬嵬坡下護花無計殉葬以國一失足成千古恨從來有情同聲一哭總之能逃出只一箇關頭爲妙話猶未了忽聽一陣簫管聲喧刹!!刹!!的幾烱滿院雪白電光忽變成鶯豆色知已將開演遂携椅出戶外欄杆前將坐下忽來一位風采堂堂的美少年携着妙齡貴婦即在左席坐下交頭接耳親密異常其形不類于夫婦兄妹噫其戀人也歟惟此少年頻頻視余覺現出一種冷嘲熱罵不可言狀之慢容時余已被酒一腔熱血躍躍欲試而爲舜華所制

余方欲再啓齒驟聞鐺鎯!鐺鎯!!幾聲餘響有一箇三鬍髭穿着燕尾服大踏步

走到舞台前。點一點頭。說明道。本院敦聘哲理名儒。編成新戲。定名（極樂世界）豫言未來時代。描出美麗社會。圓滿家庭。純良風俗。无競爭。无苦惱。爲文明開化之極度。引人入勝。誠不愧爲知識上的第一劇。今夜爲開幕之期。特請巴黎著名伶官羅舜華試演。只一語未竟。忽然靚線羣集于舜華之身。余覺有生平得未曾遇之光榮三鬍髭嘮叨了幾句。復搖幾聲鈴。點一點頭進去了。于是送出一陣音樂。旣十分舜華扶肩而起。曰君且住。爲佳容妾略獻薄技。余愕然。要之舜華彷彿余手中之愛花舜華離余。即失余手中之愛花。然則以余手中之愛花而供于極樂世界舞台上。經數千萬人一讚美。余亦何嘗不願。余應之。舜華略握余手。姍姍向彩房去。瞬息間全院電燈驟消滅。舞幕展開。頓然透出五色十光。亂人眼簾。原來只演劇應用巧妙反射電光線。倏出不可思議之境。是時惟見碧樹穠花。烘托玉樓金殿。三五靈禽。飄然來舞。電光又一烱。彩雲端裏現出舜華。舞衣欺雪。雲鬢披肩。微啓櫻唇。斜盼鳳眼。與天花飛舞。只一齣名爲（鑄因）

舜華扮天女拈花上。旦唱 笙管下瓊樓。種文明。華胄。灑遍楊枝水。人間罪。端莫愁。妙筆

小說

勾琉璃世界神仙侶補天鍊石功成就待將大海孽瀾收有心不負痴精衛（節節高）旦下 今日奉普救主命合儂降落紅塵超度一切有情同登樂土 雜扮數百幽靈上以是因緣得未曾有速速附只（彩雲）報身去介 雜唱 打煞凶鍾馗我自由盈山孽簿都撕碎舒酸手開鎖眉伸灣背沙塲汗血工塲淚從今解釋都無咎人群同唱太平謳地球只合團圞會（前調）雜下

再欲重唱忽然躍出三頭的雄獅纏着舜華並舞略示極樂世界猛獸猶懷人間之德舜華撫獅子鬣獨唱一回又現出一隊盛裝神女或高或下浮空蹈舞共執笙簧整齊鼓吹時則舜華舞衣忽紅忽紫忽藍忽翠晃花非花似蝶非蝶霎聞撲刺的一聲忽從地底射出七色奇光將舜華沖上雲表又一烱變成千百箇舜華只時滿院拍手讚美之聲如同晴天霹靂正欲變幻忽然下等席上站起兩箇人又長又大把光線遮住只見舞台中映出兩個人影其頭已放得比巴斗還大全院叱咤之聲雖浙江潮的勢力尙當他不住兩人連連匍伏細看原來是土耳其人學生裝束滿面羞容唉只不是我東洋歷史上占一部分的人物麼身爲亡虜何以尙在只稠人廣

坐中出醜哟否不想時也罷想起時余果居何身分余之國居何等他位余何以在只稱人廣坐中一國興亡匹夫有責活活羞死余也一轉想時皇天不負有心人志在竟成靠在一刻牢騷也屬無益不如借只韶華暫消塊壘正在面紅耳赤左席少年偏又連連瞅余數眼余此時如坐針氈萬分苦惱覺舞幕忽垂電燈重明恍如月浸碧琉璃惟聞人聲洶洶衆口一詞贊歎不已有的說極樂世界是科學進步的世界人智發達文明開化臻臻極點有的說極樂世界是社會主義成功之世界無貧富懸隔濫用人權之禍熙熙攘攘共登春臺只下等席上的批評有的說我情願到極樂世界去做只狗有的說我情願在極樂世界裏做場夢獨是左席少年嗤!!嗤!的笑箇不止人家讚一聲他只是罵一句無稽人家頌一句他只是罵一聲熒惑余怒甚余忌余愛人之身分僅值彼一冷笑余不自禁直以怒氣質少年咄咄不思議之因緣竟由此作導火線

愛之花第二回完

（未完）

小說

願借靈犀心一點
交盡美人名士
更結盡燕鄲俠子

小說

少年軍（二）

喋血生

予昔曾著少年軍（一）記南美學生軍。予愛軍國民精神如第二性命。至少年軍人。其一片奇突歷史。尤令人聞而駭絕。讀歷史遇玆奇案。輙思奔走告同胞。奈不能執途人而盡語熱血塡胸愈閃愈沸。今得借浙江潮之餘白。容予宣告同胞。 我同胞其投袂而起哉。 少年軍（二）記一千八百四十八年。伊大利抵抗墺國虎狼壓制。不幸伊兵被圍于克士閙。 矢窮血竭。孤注盡負。而以一十四齡勇少年。爲祖國出死力。作寄書郵。以請援。伊大利兵卒獲大勝。而奴隸之寃氣盡吐。吁。來日方長。戰雲不久即布於亞細亞大陸。 我同胞盍奉此短篇爲好脚本也。

醉臥沙場君莫笑古來爭戰幾人歸咄弱虫！弱虫!! 僅能死不能救祖國吾請以好言相勸曰不殺國仇誓不死

噫為凶狠橫暴野蠻無禮墺國作牛馬之伊大利何竟有一千八百四十八年七月二十四日克士闊之戰克士闊之戰卒能于九死一生中樹伊大利今日獨立之紀念碑于小丘上是惟伊大利有軍國民精神故是惟伊大利有一軍國民精神代表之十四齡勇少年故

陣雲如墨戰血粘沙霹靂一聲而伊大利守堡壘之六十名勇少年忽被鬼蜮墺兵乘間而圍于四顧而來襲擊雄風忽離兮白日欲暗彈雨飛來兮急若跳珠是時六十名之勇少年惟有戰惟有死戰而大無畏大無怖

遙望敵軍儼成半圓戰鬭線未幾雪白之戎衣愈逼愈近嗟嗟被圍之勇少年僅一白髮飄忽之指揮將軍當螳臂之衝硝烟開處火光炯炯伊軍倒如坍牆六十人危者幾半中若忽發裂帛之雛聲曰『毋以仆而怖！毋以仆而怖!!退者嘗吾刄』伊何人斯何若是之壯也將軍回顧時僅見一面若鐵背若裂手持雪亮短刀大不過獮猴一稱子而殿于全軍

時僅駐足土阜堡壘皆震戰塵迷若陰霾破碎之木片與爆裂之彈丸劈入腦蓋來

軍士如飮魔酒漸倒臥流汗流涎盡赤刹那間一軍喧傳彈藥罄矣無以應敵此時從容不迫之老將軍顏且灰手且慄且戰身幾若螻蟻之炙于釜徒呼『誓死不敢辱祖國！誓死不敢辱祖國!!』而十四齡之勇少年忽躍而前曰將軍能作乞援書否復出懷中痲繩一條以相示

噫胡爲乎四顧狠虎圍我且銅牆鐵壁誰作遞信鳩沖霄傳去將軍未免詫異遲遲不能決少年叱曰將軍何俟盍草數行字願以予頑冥之質爲衆生請命

將軍驚駭忽兩眶熱淚强顏撫慰曰願我愛國好男兒與諸君共生死于一堆予不惜數行字予甚惜君珍重之身不幸被國仇歼于途

少年曰否否身能存祖國則珍重不以徒博一死爲珍重將軍休矣毋遲我行將軍知不能挽允之雖然倉卒間何得有紙筆乃裂其制服一片嚙指血草乞援書以付于少年一握手言曰願軍馬到成功雖然吾不知愛國好男兒就津伊何少年曰將軍毋慮予計之熟矣速借予而來觀乃往壘後梯土壁而上以纖細之手指示將軍曰逕去乃碧浪村吾大兵屯集處乎左大河右高山眞天賜予一線生路行矣速緊

麻繩于吾腰而縋吾下咄極目四顧惟見怪石屹立荊棘交加當空赤日掩映硝烟若死灰少年已如吐絲蜘蛛旣及地且行將軍曰闔中之生活懸于爾之健足及爾之勇氣爾愼行少年試行數步曰信予如斯乃飛奔危坡而去

將軍佇立壁上殺氣騰騰砲聲隆隆遙望勇少年行漸遠形漸小幾不可見繼以望遠鏡轉瞬鎗彈如飛雹奔向少年落咄何事咄我最希望最勇猛之少年已被山外墺國偵探兵所見危！危!! 惟見勇少年忽伸忽伏行愈疾忽焉仆矣將軍急自槌胸曰傷！負傷!! 言未畢少年已起將軍點首曰神!! 在爾之上未幾少年已潛入森林復遶出惟行愈遠非增望遠鏡之度數不能見竭盡視力僅見一丸黑影而行似緩而形似跛噫其負受創歟未轉瞬闔中大譁彈丸射擊聲軍士叱咤聲傷者呼號聲督眼甲帳皆噴火花悲夫敵攻急矣將軍向前途亟呼曰援軍!! 援軍!!! 速一分來而克士闌得一分瓦全否則僅有鏖殺吾伊大利人決無降服

時軍士死者愈衆墺兵威嚇喊叫降服!! 降服!!! 之聲幾蓋倒堡壘而伊大利死士僅衆口一詞答曰否!! 否!!! 嗟嗟戰器告匱汗血已竭不可屈辱之伊大利死士旣

不能戰又不能禦左眼睨敵右眼望援忽焉而將軍之右腕爲飛彈折昏絕復勉強起僅以左手執佩刀右揮左指時墺兵連呼速懸爾白旂之聲甚急而圍中零落之軍士大沮喪忽一探兵狂呼曰墺國增兵來襲矣惶急百倍言未竟而將軍頓足解憔悴之頤曰幸！幸‼此豈敵兵爾看黃沙捲處明明我伊大利武裝騎兵也幸！幸‼於是精神一振皆突立然敵兵連呼速懸爾白旗之聲未息驟然天崩地裂喊吶交作狂呼誰懸白旗吾伊大利民族不能製白旂

咄奇事咄奇事而驕氣沖塞之國仇墺兵不免落膽何事落膽蓋伊大利援兵已萬馬奔騰直衝破墺兵之陣線而如獅如虎神聖不可侵犯之敵軍忽焉披靡忽焉辟易逃！不敢不逃而決死之勇少年均破圍而出吁瞻前顧後墺兵昔日之雄而今安在榮！榮伊兵能死戰羞！羞‼墺兵僅能欺弱

最後之十五分鐘伊大利竟解克士闍之圍而凱旋二十六日乃送負傷軍士于敏淞僅以一荒寺代病院時已黃皆天低欲墜不平之秋虫與呻吟聲相唱和青燐掩映照人血衣折腕之將軍獨忍痛楚覓半支殘燭檢看傷者忽〔將軍閣下〕〔將軍閣

小說

下」淒惋之雛聲直轟于將軍之耳膜

咄子爲誰是十四齡之勇少年解克士鬧閨之天使歟時惟仰臥對將軍一點首覆一片毛氈顏色蒼白一双眸子依然如黑寶石灼灼放光

爲軍驚一跳驟問曰爾在茲歟勇少年爾已全爾之義務

少年曰惟竭予之能

將軍曰爾負何傷

少年曰予病予以後不能有軍人絕大之希望

忽忽將軍之壯臉流血如注神色大變少年急坐起僅仰首復倒爲軍急止之曰傷重事也愼之毋鹵莽少年輕一點首

將軍曰爾致書之歷史能言之否

少年曰予疲不能言予最後惟以手代足

將軍復注視少年之面曰爾失血矣不然何若斯之衰弱

少年微笑曰失血非也血之外予或有所失忽將覆被一揭將軍一驚一退後

咄咄、!!!少年僅有半個而下體已切斷

將軍默睨沈慮良久。不覺左手忽加於額而對少年一施禮

少年惶急曰將軍何爲將軍何爲

將軍滿臉淚酸楚曰余僅爲長官！爾英雄!!爾英雄!!!

(完結)

小說

老子猶堪絕
大漠
諸君何至泣
新亭

獄中贈鄒容 閏月廿八日　　太炎

鄒容吾小弟，被髮下瀛洲。快翦刀除辮，乾牛肉作餱。英雄一入獄，天地亦悲秋。臨命須摻手，乾坤祇兩頭。

獄中聞沈禹希見殺 六月十二日　　同上

不見沈生久，江湖知隱淪。蕭蕭悲壯士，今在易京門。螭魅羞爭燄，文章總斷魂。中陰當待我，南北幾新墳。

獄中聞湘人某被捕有感 六月十八日　　同上

神狐善埋搰，高鳥喜回翔。保種平生願，徵科絕命方。馬肝原識味，牛鼎未忘香。千載湘軍志，浮名是鎖韁。

衡嶽無人地，吾師洪大全。中興沴諸將，永夜遂沈眠。長策惟干祿，微言是借權。藉君

文苑

好頸子來者一停鞭

詠史五之一　　亞公

懷古一忼愷抗志在雲霄讀書觀大略壯夫恥蟲雕王迹久衰歇風雨感漂搖七雄競虓闞電激并風飚浩氣貫長虹聞雞起中宵擊楫思祖逖投筆慕班超流光邈逝川歲序忽迢遙阮籍塊壘懷濁酒不能澆

詠史五之四　　同上

我悲羊叔子感事發蒼涼峴首一登臨至今留餘芳我思馬征南撻伐效龍驤據鞍雄顧盼意氣何飛揚哀風變大古王氣正微茫笑爾當道人滿腦幷肥腸浮生嗟拓落七尺徒昂藏天意不可知人事感滄桑拔劍一起舞我欲問穹蒼

調查會稿

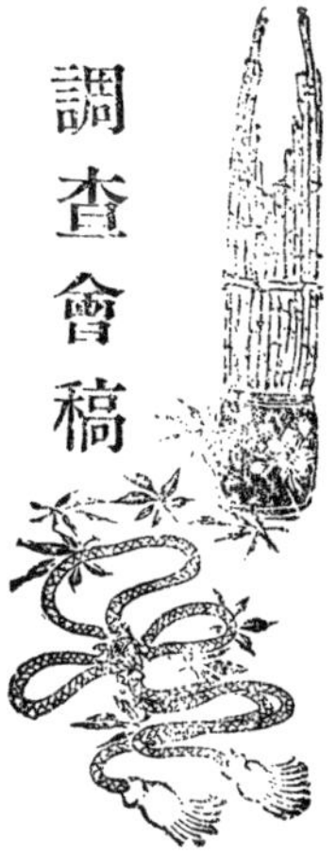

◉湖州物產生利記

湖州西南爲天目山。其山脉分多岐。一出武康之西。一過孝豐而至郡城之西南。地氣和暖。絕無瘴癘。故物產豐富。生利饒盈。天目爲帶山。來自徽州。多礦物。惜我國卝學久廢。雖有美勿彰也。東北瀕太湖。可通輪舟。且有漁利。眞天然之樂土也。今分湖屬土產爲四類。

一山貨

▲毛竹◎◎山鄉皆有。而武康爲最。牌頭及上柏兩鎭。一年出貨約值十數萬金。其次則孝豐安吉與歸安之西南鄉。皆行銷于蘇松山東天津等處。其培養之法。不用肥料。專藉保護筍芽。削除茂草也。間一年。出筍一次。俗謂之一出。凡竹必間四出。然後可伐。故出筍之年。秋冬伐竹。其不滿四出者。其竹必小而短。不能暢消。近年竹貨大漲、山戶獲利甚厚

▲小竹◎◎有台竹淡竹石竹苦竹四種。叢生于山足之近水處。其出貨不及毛竹之多。而價則較貴。一年出貨。約值數萬金。凡小竹產地之值　大于毛竹。以其叢生甚密。占地不多。且

價昂易消故也。其中石竹苦竹價值尤貴。凡做細工必用之。能細如衣線。長至數十尺而不斷。薄如蟬羽而不裂。我國無工藝會。雖有美觀之物。湮沒無聞

▲鮮竹笋◎◎◎ 以郡城西南爲最佳。消行于蘇州及東鄉各府縣。一年所產。約値六七萬金。其培養之法。重用肥料。且需鬆土。人工雖大。而出息甚厚。惟不宜于深山。

▲小竹笋◎◎◎ 以孝豐安吉爲最多。可製笋乾。以炭火烘乾者味美。日光晒乾者次之。其最佳者名曰泥黃。每斤値銀一圓。惟中國無農業獎勵會。故此貨不能暢消。

▲茶葉◎◎ 山鄉各處皆產之。西鄉以安吉孝豐爲最。南鄉以上柏鎭爲最。其生息本厚。惟本地人狃于積習。不思求精。故銷路日絀。其培養之法。不知用肥料。亦不知翦枝幹。其採工焙工亦甚劣。

▲靛◎ 湖屬種藍菜者甚少。惟山鄉有之。出貨不多。不能成市。其土造之靛甚齷齪。

▲烟草◎◎ 山鄉有栽種者。亦有甚佳者。惟出貨亦不多。

▲桕樹◎◎ 甚多。鄉民不知栽接之益。故出油甚少。不能成市。

▲樟樹◎◎ 因熱度不合。不甚暢茂。

▲白朮◎◎ 產于天目山。故武康孝豐等處皆有之。以野生爲上。種有數類。白色者最好。近來眞者甚少。僞貨極多。

二　陘產

▲稻◎ 有多種。湖屬必俟蠶畢插秧。約在夏至前後。故收成較遲。更有種晚稻者。

▲米◎ 爲長興泗安之大宗出息。銷行于杭州。惟不知其實數。其晚稻香稻取以煮粥。味甚甘。

▲桑 武康德清一帶。其樹高大。且能經久。數十年猶枝葉蓊蔚焉。入歸安境。高桑即少見。年亦不永。自郡城而東。至平望鎮。樹更矮矣。我國無農藝家以細心研究。故不知其故。

▲絲 湖絲有名于全國者也。每年出口。約值二千萬金。可謂鉅矣。

▲麻 沿太湖而生。爲天然生產。秋深取以織布。供米袋之用。亦大宗出息也。

三水利

▲湖魚 以六蓬船泛于湖中。夏間則橫兩竿于舷。張大網以取水面小魚小蝦。晒乾之。銷于各處。冬季則用大船。聯大網。以取深水之魚。每網必數十擔。眞大利也。近年船戶貧本日絀。無人鼓舞。惜哉。

▲池魚 郡南多池。故民間用以畜魚。有四種。曰靑魚。曰草魚。曰白連魚。曰包頭魚。其餘鯉魚扁魚。本地皆有。銷行于蘇州上海等處。亦民間之大宗生息也。

▲菱 南鄉各處皆有。五六月間遍生水面。九十月採取。銷於本地及江北山東等處。亦南鄉之大宗出息也。

▲蘆 生于太湖淺水處。秋間取以織扉及飼蠶簾。

▲茭 叢生于太湖淺水處。取以飼牛。或作肥料。

▲珠 菱湖鎮之西。有溪焉。長不過十餘里。產珠。鄉人每于秋間約伴入溪。尋蚌以採之

▲藕及白扁豆 俱爲南鄉大宗生息。

四工藝

調查會稿

▲**湖縐**　爲郡城大宗工業。每年出口貨。約值數百萬金。郡之東北鄉。織戶極夥。

▲**布**　本地向有業之者。近以洋貨日增。土布之生意頓減。

▲**綿綢**　以新市鎭所出者爲上品。多銷于各處。

▲**絲綿**　鄉下無家不有。衣以禦寒。亦有銷行外省者。

▲**竹器**　湖屬產竹。故業之者甚多。亦有精工。惟我國無賽會。故永無進步也。

◉嘉興海鹽縣之慈善事業

類別	事業	經費	成立年月	設在處所	設立者
平糶局	恤荒平糶倉一所 厫四十四間	存欵三四二〇〇 漕粮加徵	光緒四年	城中	官立
育嬰堂	收育棄嬰 施種牛痘	地租 田地共一〇〇畝 屋租 市屋三十所 存欵四〇〇〇圓	同治十三年	城中 分所 一沈蕩 一澉浦	官立
團煉局	巡察城廂 掃除街道 團勇十五人	茶肆捐 每月六十二千文	光緒二十六年七月	城中	市立

救火局	消滅火災 消防器九 洋式消防器一	紳富捐集	未詳	城中一 沈蕩一 澉浦一	紳立
平材局	平價售棺	紳士捐集	未詳	城中	紳立
拯恤會	(甲)鰥老十名(乙)貧嫠百卅名以上每月每三百文(丙)孀婦四十名每月每五百文	紳士捐集	未詳	城中	紳立
掩埋局	收瘞暴骨每冬令人巡行郊野而收瘞之	欵由官撥 每年四百金	未詳	城中	官立
施藥局	施送痧藥	欵由官撥 每年二百金	未詳	城中	官立
拯疾局	施送藥餌	紳士捐集	未詳	城中	紳立

▲右各事。紳立者無論已。凡官立者亦皆由紳董經理。官不過問。僅總其成而已。

●海鹽報紙之銷數

雜誌	新民叢報	浙江潮	湖北學生界	游學譯編	新世界學報	科學世界	外交報	女學報	白話報	新小說	繡像小說

調查會稿

銷數
三〇份
八
一
二
三
一
三
二
四
五
三

日報	銷數
中外日報	三〇份
同文滬報	六
新聞報	七
申報	一
繁華報	二
笑林報	一
國民日日報	未詳

▲雜誌皆銷于讀書社會及學堂中。日報除中外日報新聞報外。亦皆銷于讀書社會爲多。

◉海鹽縣徵米徵銀之實數 附戶口概畧及包漕之影響

田 五千二百四十八頃十六畝八分零
地 七百五十九頃四十七畝四分零
共六千〇七頃六十四畝零……徵米五萬二千四百五十四石一斗零

山 一百七十五頃九十三畝零
蕩 一百六十二頃卅五畝一分零
共三百三十八頃二十八畝零……徵米一千五百七十六石七斗三升零

丁米二百四十一石九斗四升零
加派改漕舂耗十八石八升零
……共徵米二百六十石九斗二升零

▲海鹽戶口十六年前淸查保甲得戶五萬八千二百九十二丁十三萬二千六百六十六口十一萬二千二百四十八。近十年來。未有確數。大約連墾荒客籍約共三十萬人。

▲海鹽自魚鱗冊遺亂遺失而包漕之風益甚勢要無論矣即尋常寒士。其才力能壓倒庫書者。無不可包。官吏切齒而無如之何。蓋包漕之影響有損于官而有益于民者也。縣官之報告于上也。殆無歲無歉。所解銀米不過六成七成而已而徵諸鄉民則十成加耗。猶多挑剔。包漕者乃號于衆曰。我爲爾代完八成可矣。九成可矣。其尤貧者則先爲代應。至次年蠶事既畢。始索償焉。鄉民便之。遂皆不納於官而納諸包漕者。而包戶之輸於官則或如其所報之數而加一成焉或竟一無所加。官亦無如彼何也。是則所分者特縣官之私橐耳。於我民固未嘗不利也

◉臺州黃巖縣城內學界區所表

其演說部書報部均設在私立小學校內

調查會稿

官立小學校

教習　陳瑞疇　王士彬（代陳敬輿）　吳容基（粵人）
學生　共五十八
課目　經　史　掌故　英文　算學　體操　日記
課本　左傳　論孟　通鑑輯覽　支那通史　三通考輯要
課法　每日上午八點鐘起上堂學生自行研究各科敎習中坐以待疑問下午課英文算學由敎習講授
幹事　（發起人）王舟瑤　江青　（監督）林駿聲
經費　書院之舊欵紳富之輸捐　每年計一千二百圓
設立年月　壬寅正月
基址　東城淸獻書院改設

私立

教習　丘銳　陳希道　王佩瑤　牟介
學生　共六十八
課目　倫理　讀本　歷史　輿地　國文　講演　物理　英文　算學　體操　唱歌

小學校

課本　中等倫理教科書　國民讀本　支那通史　地理講義　格致讀本

課法　各教習分門講授每日計八點鐘

幹事　（發起人）教育社社員（司計）王彥湑（監督）林炳文（庶務）許憲衡 許企謙 許伯齊 許念均

經費　取于備金項下多寡無定今後擬募捐

設立年月　癸卯正月

基址　中城教育社內

私立蒙學

教習　張士達　王夢槐

學生　共二十七人

課目　讀本　歷史　作文　聯句　習字　算學　體操

課本　左傳　孟子　通鑑輯覽　文學初階

課法　各教習分門講授每日計八點鐘

幹事　（發起人）李秉直　張士達　（稽察）任烱常

經費　學生脩金及同仁社之助欵

調查會稿

塾
- 設立年月　癸卯正月
- 基址　稅于北城林氏宗祠

私立女學校

- 教習　西鄉二坪　章彩珠女士
- 學生　共十一人
- 課目　讀本　習字　圖畫　聯句　講演　唱歌
- 課本　女誡注釋　習字範本　文學初階　白話報
- 課法　六課分二日教授一日計六點鐘
- 幹事　（發起人）教育社社員　（司計）陳渠鼎

演說部

- 課目　政治　實業　時局　風化　小說
- 期限　每月十六日上午八點開演至下午四點止
- 幹事　（發起人）教育社社員　演說員庶務員均在內

書報部

- 章程　購置各種新書新報于教育社聽人來閱或借出亦可惟借出時須押金若干另收閱費
- 經費　紳富之捐輸

幹事　（發起人）教育社社員　司書三人　庶務三人

◉處州宣平縣之種種調查

▲地質　土質磽瘠無肥壤。

▲民氣與民情　民多習拳好鬥。尙儉樸。無嗜好。惜吸鴉片者不少。

▲男女之勤惰　男勤耕種。女但坐食。

▲遊民之多寡　鄕間向無遊民。即城中亦少。

▲僧道　僧二十餘人。道士數人。

▲富戶　以有三四萬金者爲最富。僅二三家。

▲貧民之生計　以帮工賣薪爲生計。

▲寺觀及其恒產　寺十餘所。觀二所。共計有田二千餘畝。

▲洋煙室　十二處。

▲衙役之眞相　老弱無用。

▲教育　小學堂一。蒙養學堂十餘所。

調查會稿

▲商務　店鋪寥寥皆薄本營生。無市鎭商務。至其出外負販。則販靛青至義橋臨浦等處者爲最夥。

▲農業　農產以靛爲大宗。每年可二萬餘担。其餘煙茶麻亦甚多。宣境山居十之八。桑杉竹櫻茶油桐油之類。苟能認眞整頓。可獲大利。

▲農家之肥料　草子、煤灰、石膏礬。皆農家常用之料。其最佳者。莫如採嫩草木之葉。踏入田中。宣人名之曰蒿。或以毛柴雜泥燒灰挿田。以肥土質。

▲敎會之勢力　無敎堂。雖有敎民。亦甚少

本誌第四期刊誤表

葉數	行數	誤字	正字
一	二	有欲下	脫一談字
四	二	而益岐	而益歧
五	二	俗擒往	俗以往
五	一三	誤譜籍	談譜籍
七	五	日杭州	自杭州
九	八	朱爲學	爲朱學
一〇	一二	教最生	教最盛
一四	六	不少暇	不少假
一六	六	而羅戰	而鏖戰
一八	一	通信下	脫訃者二字
二一	六	而奥相	而擲相
二六	二	此龍挲	此龍拏
二七	四	自艾此	自受此
二九	一〇	及保護	反保護
三四	一	文明下	脫發達二字
三四	一三	其快愉	其愉快
三五	三	爲僞託	爲僞說
四四	一	自制諸	自法諸
四四	一一	今旦言	今日言
五〇	一三	續入筆	總入筆
五二	一	……	兩線互換
五二	二	……	
五三	三	或水雷	及水雷
五三	三	入水術	入水雷
六一	六	汨夫地	泊夫地
六七	一一	佳兒婦	佳夫婦
六八	二	誠遇不	誠有不
六八	三	乃狠猶	乃跟蹌
六八	五	凡毒蛇	凡毒蚊
七三	一	無政下	脫一府字
七五	五	夫目爲	夫同爲
七五	七	所因之	亦因之
七七	三	爲益魯	爲蓋魯
七七	八	代數下	脫一式字
七八	一二	即均一	均字贅
八〇	五	如得一	始得一
八一	一〇	$\frac{2MY^2}{1}\ 1\ \frac{2MZ^2}{1}$	$\frac{2MY^2}{1},\frac{2MZ^2}{1}$
八一	一二	$\frac{2MNC^2}{6\times13}\ 13$	$\frac{2MNC^2}{6\times1^3},13$ 爲
八三	三	$P_2V_2M_2N_2\frac{C_2^2}{2}$	$P_2V_2=M_2N_2\frac{C_2^2}{2}$
八五	六	或洩也	或息也
八七	一一	西班下	脫一牙字
八八	一一	衆國下	脫一國字
九〇	三	宣加注	宜加注
九〇	八	感性無	感情無
九〇	九	以挾義	以狹義
九一	二	之競爭	之競爭
九二	一	今歐人	令歐人
九二	二	醒血下	脫一終字
九四	七	之交路	交字贅
九四	七	猶屬危	尤屬危
九六	九	化非自	以排自

九七	三	有揚上△	脫一雖○字
九七	八	俄權○斯	俄羅○斯
九九	四	吾○摸擬	吾模○擬
九九	八	翻乎○覆乎○	翻手○覆手○
一〇六	五	固○作短	因○作短
一〇九	七	來○得其	求○得其
一一二	二	以呼○叱	以呵○叱
一一五	二	亦輙非○	非○字贅
一一九	一二	尤度○科得○	尤得○科德○
一二〇	二	尤度○	尤得○ 下同
一二一	一三	一議乃○	一議及○
一二一	一四	昔曰○	昔日○
一二三	五	西○問曰	面○問曰
一二四	六	迂拍○	迂拘○
一二九	六	爲估○據	爲估○據
一三三	一三	可伏○矜○	可矜○伏○
一三四	一	均沽○	均沾○
一三五	一〇	强敵○	强弱○
一三六	八	以極○我	以搖○我
一三七	一三	在敝○國	在敞○國
一三九	一一	一人下△	脫一赴○字
一三九	一四	活高位○	活高低○
一四〇	二	後開下△	脫一會○字
一四〇	三	往現○者	往觀○者
一四〇	一一	生蕃○室	生番○室
一四一	一四	若○文明	與○文明
一四一	一四	級與○日	級若○日
一四三	二	爲尚○談	爲閑○談
一四四	一〇	在敝○館	在敞○館
一四五	一二	可拆○也	可折○也
一四五	一三	人類下△	脫一館○字
一四五	一三	而○彼○兩字均贅	
一四六	一	在其向○	在其間○
一五〇	五	龍挐○虎	龍拏○虎
一五三	六	由得下△	脫一不○字
一五四	七	首見下△	脫時○恰○二字
一五六	六	間○漢出	閑○漢出
一五九	五	敎○說○眞○	說○眞○敎○
一五九	六	令如○母	令姑○母
一六七	三段十一行	盧○穄	盧○穄
一七〇	一段二行	夏枯下△	脫一草○字
一七〇	二段六行	尤以楯○	尤以栢○
一七一	三段三行	類基○多	類綦○多

上海棋盤街恒德里

國學社出版書目廣告

元和汪榮寶
仁和葉瀾輯

新爾雅

洋裝一冊
定價六角

凡一種科學必有專門名詞即所謂術語是也近來譯書疊出取用名詞率仍和譯之舊讀者望文生義易致誤解留東同人有鑒於此特就所學分科擔任廣蒐術語確定界說體例一仿爾雅凡分釋政　釋法　釋計　釋羣　釋名　釋教育　釋幾何　釋天　釋地　釋格致　釋代　釋生理　釋動物　釋植物十四篇網羅宏富疏解精詳使讀是書不啻驟得十餘部專門字典詢臨文者不可不備之書也定價六角

無錫秦
岱源輯

體育學

洋裝一冊
定價六角

今日世界文明教育分德育智育躰育三大綱而吾國救時之要尤以躰育爲急是書係囑秦君岱源輯譯採集各種躰育新說加以圖繪明白曉暢婦孺易解凡有志强種保國者不可不家置一編也

無錫稽鏡輯譯

國體政體概論

洋裝一冊　定價二角

國家與政府國躰與政躰大有逕庭不此之辨而侈談政學必成笑柄中國人數千年不知國與民之關係而誤認政府爲國家者職此故也近數年來辨明國躰政躰之文稍有所見然大率於治學中掛列一二奥義未克兒詳盡茲特選譯歐美大家最精當之學說輯爲專書以便學者有志之士幸快先睹

新撰

中俄交涉史

洋裝一冊　定價三角

近十年來中國奔命於外交自滿洲問題起後中俄交涉尤爲全國所注目然中俄兩政府之外交政策專尚秘密公牘條約例不宣露人民之身家財產往往有已被賣而不克一覩契約者嗚呼亡國如此豈不痛乎茲特搜集西文史籍公牘編述是書自本朝俄人初迫東亞起以迄今日提綱挈領評論精嚴讀之可知俄人東漸之次第及國權之所以喪失洵不易得之良書也書印無多幸勿交臂失之

無錫黃以仁譯

東洋盧騷

中江篤介傳

洋裝一冊　定價二角

我國人政治思想大抵取之日本卑無高論局於一隅嗚呼亦知日本亦有所謂東洋盧騷中江先生其人者乎先生鼓吹民權始終如一明治二十三年頒布欽定憲法後舉國若狂先生獨泫然涕下不改常度往歲齎志以終遺書不數月而重印數十回此書即先生一生之歷史也嘉言懿行不可一世世有崇拜日人者無寧崇拜斯人

謹啓者敝店素業運送屢蒙各位賜顧店務日形擴張營業方法之確實久博江湖諸彥之信用近因店務繁多殊缺敏速故特設

用達部

增置店夥各位如有所購求不拘何品均負帶責任揀擇物品務從低廉併代寄送是等設置所以酬各位賜顧之厚恩非所以營利也謹將注意開列於左

一凡託購貨物務必先期寄金但寄金至三分之一以上者得寄奉運送票據

一寄金有剩餘者均於貨物發送時奉還

一所託購貨物除售罄外于寄金到後三日以內即可運出

一敝店所經手者並不別取一切照料費用如以小包郵便寄送則一件需金十錢但荷造費通信費其他實費均須另算

一所有託購各物之名稱種類及發賣元等務必詳細示及至選擇一切當可責成敝店也

日本東京日本橋區西河岸町貳番地

(電話本局二一七六番) 海陸運送業 金原鐵出張所

主任 太田秀三郎

(電話本局二一七六番) 物品用達業 金原鐵用達部

主任 太田秀三郎

用達部長 吉田和三郎

運送部長 齋藤濱吉

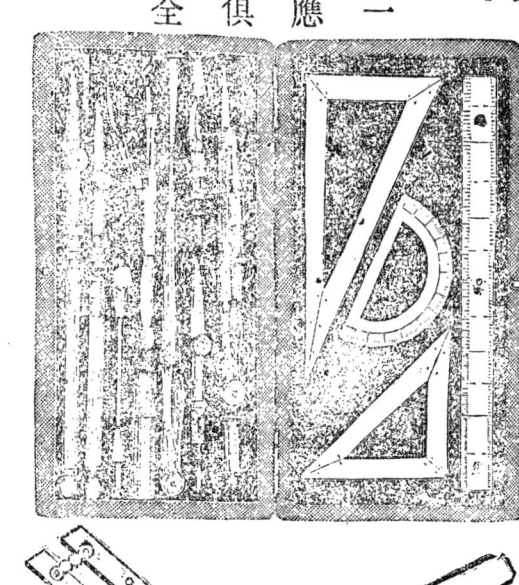

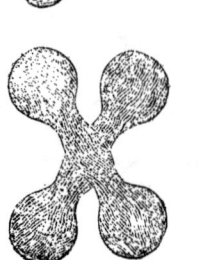

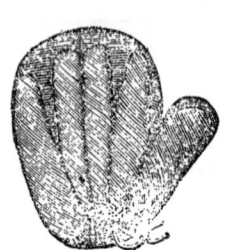

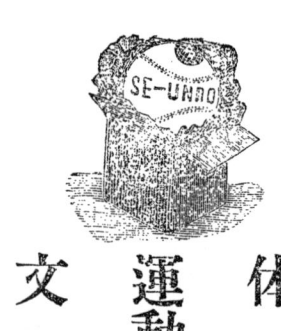

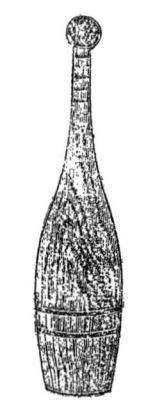

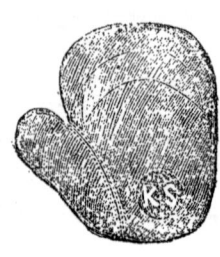